Lexifac
OUTILS

Méthode efficace de la note de synthèse en droit

2e édition

Mathieu Diruit
Doctorant en droit des contrats, titulaire d'un M2 Droit privé général et d'un M2 Droit pénal de l'université Panthéon-Assas, ayant suivi la formation fiscale de l'ENFiP

Bréal
by Studyrama

Ouvrages du même auteur déjà parus :

Méthode efficace du commentaire d'article de loi, Éditions Bréal, 115 pages, 2018.

Méthode efficace des exercices juridiques avec 100 corrigés, Éditions Studyrama, 580 pages, 2019.

Méthode efficace de la dissertation, Éditions Bréal, 136 pages, 2020.

Méthode efficace de la fiche et du commentaire de jurisprudence, Éditions Bréal, 136 pages, 2020.

ISBN : 978-2-7495-5106-7

La collection « Lexifac méthode »

Chacun des ouvrages de la collection « Lexifac méthode » explique, étape par étape, la méthode d'un exercice juridique (*la dissertation, la fiche et le commentaire de jurisprudence, le commentaire d'article, la note de synthèse*), puis l'applique sous forme de pas à pas à différents sujets.

Leur présentation, qui se veut simple, claire et efficace, comporte deux temps :

- L'explication de la méthode d'un exercice juridique, qui est d'abord présentée de façon résumée afin d'être accessible aux lecteurs débutants ou pressés, puis de manière détaillée, étape par étape.
- L'application de la méthode d'un exercice juridique, avec des corrigés, de difficultés diverses, présentés sous forme de pas à pas détaillant chaque étape de traitement du sujet, de sa découverte à la rédaction intégrale du devoir.

Par ailleurs, ces livres comportent tous en annexe une méthode de *l'apprentissage des cours*, ainsi qu'une méthode du *cas pratique*.

Ainsi, ces livres sont destinés aux étudiants de Licence ou Master, mais aussi aux personnes préparant des concours ou examens professionnels.

L'ouvrage *Méthode efficace de la note de synthèse en droit*

Cet ouvrage a pour but d'expliquer et d'appliquer efficacement la méthode de la note de synthèse en droit, dans sa version classique, qui est celle notamment de l'examen d'avocat ou du concours de l'ENM. À ce titre, elle est aussi utilisable pour les notes de synthèse réalisées dans des matières non juridiques, en l'adaptant.

L'explication de la méthode de la note de synthèse en droit s'opère en deux temps.

Dans un premier temps, la méthode de la note de synthèse en droit est expliquée de façon résumée afin d'être accessible aux lecteurs débutants ou pressés.

Dans un second temps, la méthode de la note de synthèse en droit est expliquée de manière détaillée avec :

- les conseils relatifs à l'étude du sujet de la note de synthèse
- l'exigence de classement des documents dans l'ordre chronologique
- les règles de lecture des documents et de leur résumé au brouillon
- les règles de construction d'un plan et de l'absence de problématique
- les règles de construction d'une introduction
- les règles de rédaction de la note de synthèse.

L'application de la méthode de la note de synthèse en droit est illustrée avec un dossier documentaire complet d'un concours de l'ENM et son corrigé noté par des examinateurs de ce concours.

SOMMAIRE

PARTIE 1
L'EXPLICATION DE LA MÉTHODE DE LA NOTE DE SYNTHÈSE EN DROIT

ANNEXE 2
LA MÉTHODE DU CAS PRATIQUE

PARTIE 1

L'EXPLICATION DE LA MÉTHODE DE LA NOTE DE SYNTHÈSE EN DROIT

TITRE 1

L'EXPLICATION RÉSUMÉE

LES 6 ÉTAPES DE LA NOTE DE SYNTHÈSE

La note de synthèse classique en droit peut être définie comme un travail de synthèse des connaissances de droit positif relatives à un sujet et exclusivement présentes dans les documents fournis dans le dossier.

- C'est un écrit qui doit être rédigé sur quatre pages environ en écrivant en petits caractères.
- C'est une synthèse exhaustive et purement objective des connaissances de droit essentielles au sujet, qui sont exclusivement présentes dans le dossier documentaire.
- En d'autres termes, c'est un travail qui : d'abord, identifie les connaissances juridiques essentielles à un sujet et présentes dans un dossier documentaire ; ensuite, en réalise un résumé objectif et structuré logiquement par un plan.
- C'est exclusivement une synthèse des connaissances de droit positif contenues dans le dossier documentaire, donc elle ne comporte pas d'analyse critique de ces connaissances, à l'inverse de la dissertation qui est une synthèse et une analyse des connaissances de droit positif relatives à un sujet.

La note de synthèse comporte 6 étapes : une étude attentive du sujet sur lequel porte la note de synthèse (I), une lecture de la liste des documents constituant le dossier documentaire et un classement de ceux-ci dans l'ordre chronologique (II), une lecture et un résumé de chacun des documents au brouillon (III), la construction d'un plan mais sans problématique (IV), la construction d'une introduction (V), et la rédaction de la note de synthèse (VI).

I. L'ÉTUDE ATTENTIVE DU SUJET DE LA NOTE DE SYNTHÈSE

Généralement, le sujet sur lequel porte la note de synthèse est précisé : il faut alors l'étudier attentivement, d'abord avant de lire la liste des documents, ensuite lors de la lecture de cette liste des documents.

II. LE CLASSEMENT DES DOCUMENTS DANS L'ORDRE CHRONOLOGIQUE

Il faut selon nous classer les documents dans l'ordre chronologique et les lire dans cet ordre, car cela permet de comprendre l'évolution du droit, ce qui est nécessaire à la bonne compréhension du dossier documentaire, à la construction de l'introduction et éventuellement à la construction du plan.

III. LA LECTURE DES DOCUMENTS DANS L'ORDRE CHRONOLOGIQUE ET LEUR RÉSUMÉ AU BROUILLON

La lecture et le résumé des documents doivent être réalisés dans un temps inférieur aux 2/5e du temps imparti pour l'épreuve.

Ainsi, lors de cette lecture, l'essentiel de chacun des documents va être identifié, de préférence pour le résumer au brouillon, ou en le surlignant : il faut ainsi extraire de chacun des documents les connaissances juridiques qui sont essentielles au sujet sur lequel porte la note de synthèse, ce qui interdit de faire appel à des connaissances extérieures au dossier documentaire.

Concrètement, cette lecture doit être méthodique et juridique, car il s'agit d'identifier objectivement les notions, règles, sources, enjeux et évolutions du droit qui sont essentiels au sujet qu'il faut traiter.

Cependant, tous les documents n'ont pas la même importance, donc s'il faut étudier chacun des documents, il est nécessaire de s'attarder sur les documents fondamentaux et centraux, alors qu'il faudra passer plus rapidement sur les documents de moindre importance et secondaires.

IV. LA CONSTRUCTION D'UN PLAN ET L'ABSENCE DE PROBLÉMATIQUE

La dissertation est un travail, d'abord, de synthèse des connaissances de droit positif relatives à un sujet, et ensuite, d'analyse de ces connaissances au regard d'une problématique, à laquelle celles-ci sont confrontées afin d'y répondre.

Toutefois, la note de synthèse en droit est exclusivement un travail de synthèse des connaissances de droit positif relatives à un sujet et présentes dans le dossier documentaire. Par conséquent, elle ne comporte pas de problématique en fin d'introduction, à laquelle seraient confrontées les connaissances tout au long du devoir.

A. La définition du plan

Le plan est la colonne vertébrale de la note de synthèse. Il a deux fonctions.

Sa première fonction est essentielle, inévitable, incontournable : c'est la hiérarchisation, le classement, la présentation structurée des connaissances contenues dans le dossier documentaire.

Sa seconde fonction est optionnelle, non indispensable : c'est la réflexion sur les connaissances, qui ne peut qu'être objective et porter sur l'évolution du droit, mais jamais subjective et réaliser une analyse critique du droit.

Ses parties (I.- et II.-) et sous-parties (A.- et B.-) apparaissent formellement, alors que les parties inférieures n'apparaissent pas formellement mais structurent les développements avec les mots de liaison.

B. Les grandes règles de construction du plan : les dix commandements du plan

Les dix commandements du plan regroupent, d'une part, six règles communes aux parties supérieures et aux sous-parties et, d'autre part, quatre règles propres aux parties supérieures.

- Les six règles communes aux parties supérieures et aux sous-parties sont les suivantes.

  1. Une formulation simple et synthétique sans phrase, sans verbe conjugué et sans autre ponctuation qu'un point final.
  2. Une affirmation, une idée par titre.
  3. Un titre le plus court possible.
  4. Jamais de hors-sujet dans les titres.
  5. Des titres repris dans des annonces de plan en fin d'introduction et en début des parties (I.- et II.-), sous forme de synonymes.
  6. Des titres construits de manière symétrique en s'opposant logiquement par couple (I.- II.- ; A.-B.-).

- Les quatre règles propres aux parties supérieures (I.- et II.-) sont les suivantes.

  1. Les parties supérieures reprennent les termes essentiels du sujet de la note de synthèse.
  2. Les parties supérieures doivent traiter tout le sujet de la note de synthèse et rien que ce sujet.
  3. Les parties supérieures doivent être équilibrées entre elles.
  4. Les parties supérieures doivent refléter de préférence la logique du sujet de la note de synthèse.

C. Les grands modèles de plan

Il est possible de regrouper les plans de note de synthèse en deux groupes.

D'une part, les plans de hiérarchisation ou de classement, qui présentent de façon structurée les connaissances de droit positif présentes dans le dossier documentaire, sans développer une idée ou réflexion.

D'autre part, les plans d'idées, de réflexion, qui peuvent être objectives et porter sur l'évolution du droit telle qu'elle ressort du dossier documentaire, mais ne peuvent jamais être subjectives et étudier les points positifs et négatifs du droit positif présenté par le dossier documentaire.

V. LA CONSTRUCTION D'UNE INTRODUCTION

A. La fonction de l'introduction

L'introduction est fondamentale car elle sert à situer le sujet dans le temps et dans la matière, en allant du général au spécial, sous forme d'entonnoir, afin d'amener logiquement l'annonce de plan.

B. Le contenu de l'introduction

L'introduction doit partir d'un point de départ logique, qui peut être l'évocation du problème factuel que le droit traite ou le point de départ d'une évolution du droit. Ainsi, elle comporte les connaissances incontournables relatives au sujet. Toutefois, il n'est jamais question d'analyse subjective de ces connaissances et elle ne peut utiliser le mode du conditionnel, comme le fait la dissertation : elle est donc toujours à l'indicatif.

Plus précisément, elle doit mentionner les notions incontournables, les règles incontournables, les sources incontournables, les enjeux incontournables et les évolutions incontournables du droit, non pas en respectant de manière rigide cet ordre, mais de manière élégante et avec un fil conducteur jusqu'à l'annonce de plan.

Par ailleurs, elle peut comporter des connaissances de matières non juridiques, si celles-ci sont évoquées par le dossier documentaire.

Enfin, il faut construire un plan détaillé de l'introduction et la rédiger au brouillon.

C. La forme de l'introduction

L'introduction doit être courte : elle doit être d'une demi-page ou des deux tiers d'une page. Plus précisément, elle comporte quatre parties bien distinguées formellement par des alinéas : une accroche optionnelle et objective, le premier temps de l'introduction constituant son cœur, le deuxième temps de l'introduction s'opposant au premier chronologiquement ou logiquement, ainsi que l'annonce de plan.

VI. LA RÉDACTION DE LA NOTE DE SYNTHÈSE

A. Les règles de forme pour la rédaction

D'abord, il faut bien distinguer les parties de l'introduction, avec un alinéa mais pas de saut de ligne entre elles, jusqu'à l'annonce de plan comportant entre parenthèses les chiffres romains des parties supérieures.

Ensuite, les parties supérieures (I.- et II.-) apparaissent formellement, comme les sous-parties (A.- et B.-).

En outre, les sous-parties sont annoncées succinctement en début de chaque partie, comme les parties le sont en fin d'introduction.

De plus, il faut rédiger des transitions entre les parties et entre les sous-parties.

Enfin, il faut rédiger une dernière phrase en forme de conclusion qui résume le sujet, sans ouverture vers des éléments extérieurs au dossier documentaire.

B. Les règles de fond pour la rédaction

La note de synthèse en droit consiste à synthétiser de manière structurée les connaissances de droit positif relatives au sujet et présentes dans le dossier documentaire, sans faire d'analyse à l'aide d'une problématique.

TITRE 2

L'EXPLICATION DÉTAILLÉE

LA DÉFINITION DE LA NOTE DE SYNTHÈSE

Afin de définir la note de synthèse en droit, il faut rappeler la définition de la dissertation en droit, car elle a une nature différente de celle-ci et doit en être distinguée.

La dissertation en droit peut être définie comme un travail de synthèse et d'analyse des connaissances de droit positif relatives à un sujet.

Quant à la note de synthèse classique en droit, elle peut être définie comme un travail de synthèse des connaissances de droit positif relatives à un sujet et exclusivement présentes dans les documents fournis dans le dossier documentaire.

Ainsi, la note de synthèse en droit présente un point commun avec la dissertation en droit, qui est d'être une synthèse des connaissances de droit positif; cependant, elle s'en distingue par l'absence d'analyse de ces connaissances à l'aide d'une problématique.

Or, il faut noter qu'il existe plusieurs variétés de notes de synthèse. Plus précisément, la méthode que nous développons ici est celle de la note de synthèse juridique qui est classique, telle qu'elle est pratiquée à l'examen d'entrée à l'école d'avocat ou au concours d'entrée à l'école nationale de la magistrature.

Mais il faut souligner le fait que cette note de synthèse peut porter sur des matières non juridiques à certains concours : la méthode ici précisée est transposable à cette note de synthèse en l'adaptant aux diverses matières.

À l'inverse, certaines notes de synthèse exigent du candidat un travail d'analyse des qualités et défauts de l'état du droit sur le sujet, afin de proposer des améliorations de celui-ci : à proprement parler, elles ne devraient pas être qualifiées de notes de synthèse, mais de notes de synthèse et d'analyse car elles se situent entre la note de synthèse classique et la dissertation.

En somme, la personne devant réaliser une note de synthèse doit étudier les exigences des correcteurs qui varient sensiblement selon les examens et concours, en se procurant textes régissant ceux-ci, annales, meilleures copies et rapport des jurys.

I. UN ÉCRIT

La note de synthèse en droit est un écrit qui doit être rédigé sur quatre pages environ en écrivant en petits caractères. Cependant, sa taille peut varier selon les examens ou concours.

II. UN ÉCRIT DE SYNTHÈSE COMME DANS LA DISSERTATION

La note de synthèse en droit est une synthèse exhaustive et purement objective des connaissances de droit essentielles au sujet, qui sont exclusivement présentes dans le dossier documentaire.

Autrement dit, la note de synthèse en droit est un constat purement objectif du droit positif tel qu'il est présenté exclusivement par le dossier documentaire : elle doit permettre à son lecteur de comprendre le sujet tel qu'il est présenté par le dossier documentaire, sans lire celui-ci.

Or, une synthèse est un résumé structuré. Plus précisément, la synthèse est une réflexion qui, d'une part, regroupe de façon exhaustive les connaissances de droit présentes exclusivement dans les documents du dossier et, d'autre part, en réalise un résumé structuré logiquement par un plan.

Ainsi, la synthèse exige des qualités de fond (A) et de forme (B).

A. Les exigences de fond pour la synthèse

1. Débuter par les connaissances de base

La note de synthèse en droit exige de débuter par les bases du droit positif, autrement dit les évidences, avant d'évoquer les connaissances plus précises et complexes. En effet, le juriste doit toujours passer par ces bases quel que soit l'exercice qu'il réalise.

2. Aller du général au spécial

La note de synthèse en droit exige de débuter par les connaissances générales (grandes notions, grandes règles, grandes sources), avant de développer les connaissances plus précises et de moindre importance.

3. Distinguer l'essentiel et l'accessoire

La note de synthèse en droit exige d'identifier les connaissances présentes dans le dossier documentaire et qui constituent l'essentiel ou la substance du sujet, c'est-à-dire celles qui sont fondamentales et ne peuvent être ignorées sur le sujet traité. À l'inverse, les connaissances accessoires, c'est-à-dire celles d'importance subsidiaire, ne seront pas traitées.

4. Résumer les connaissances

La note de synthèse en droit exige de résumer les connaissances de droit positif qui sont présentes dans le dossier documentaire et relatives au sujet qu'il s'agit de traiter : il faut ainsi exprimer ces connaissances dans un nombre de mots plus réduit que dans le dossier.

B. Les exigences de forme pour la synthèse

1. Réaliser un plan présentant de manière structurée les connaissances du dossier documentaire

La note de synthèse en droit exige une présentation structurée des connaissances de droit positif relatives à un sujet et présentes dans le dossier documentaire. Or, au brouillon, cette présentation prend pour vecteur un plan détaillé de l'introduction et des développements.

2. Construire des intitulés de plan très réglementés

La note de synthèse en droit exige de faire apparaître le plan (I.-, II.- jusqu'aux A.- et B.-) de manière formelle en respectant des règles très rigoureuses de construction et de formulation de ses intitulés apparents.

3. Structurer les développements par des mots de liaison

Les développements de la note de synthèse doivent être rédigés de manière structurée avec des mots de liaison. Ainsi, il n'est pas exagéré d'utiliser un mot de liaison à chaque début de phrase afin d'assurer la continuité des développements et l'enchaînement des phrases et des idées.

4. Aérer la présentation des copies

Il faut disposer les blocs de texte de manière aérée afin que le lecteur distingue bien chacune des étapes de la note de synthèse.

5. Utiliser un style clair et soutenu

La note de synthèse en droit doit être rédigée dans un style soutenu mais clair, en développant une idée par phrase et une phrase par idée.

6. Utiliser un vocabulaire juridique

La note de synthèse doit utiliser un vocabulaire juridique très rigoureux, sans désigner les notions juridiques par la langue commune.

III. UN ÉCRIT SANS PROBLÉMATIQUE AU CONTRAIRE DE LA DISSERTATION

La note de synthèse en droit est exclusivement une synthèse des connaissances de droit positif contenues dans le dossier documentaire, donc elle ne comporte pas d'analyse personnelle de ces connaissances, à l'inverse de la dissertation qui est une synthèse et une analyse des connaissances de droit positif relatives à un sujet.

Or, une analyse personnelle consiste à identifier les aspects positifs et négatifs du sujet, ainsi qu'à confronter les connaissances de droit positif à la problématique afin d'y répondre. En conséquence, la note de synthèse classique en droit ne comporte pas de problématique à proprement parler, c'est-à-dire de question commune à l'ensemble des connaissances de droit positif relatives au sujet : les connaissances de droit positif ne sont donc pas confrontées à cette problématique tout au long de la note afin d'y répondre.

Toutefois, la note de synthèse de certains examens ou concours, exige en plus de la synthèse, une analyse. Cela apparaît dans les textes régissant ces examens ou concours.

A. L'absence d'analyse interne du dossier documentaire

La note de synthèse classique en droit n'exige pas d'analyse critique interne du droit présenté par le dossier documentaire à l'aide d'une problématique, contrairement à certaines notes de synthèse pour certains concours ou examens.

Ainsi, dans la note de synthèse classique, il n'y a pas d'analyse personnelle des points positifs et négatifs du droit présenté par le dossier documentaire, qui exigerait de l'esprit critique car cette note de synthèse est purement objective. Dès lors, il n'y a pas lieu d'identifier les avantages et inconvénients du droit présenté par le dossier documentaire, sur les deux plans de la politique et de la technique juridiques.

- Du point de vue de la technique juridique, la note de synthèse classique n'étudie pas subjectivement si le droit présenté dans le dossier documentaire est logique ou non.
- Du point de vue de la politique juridique, la note de synthèse classique n'étudie pas subjectivement si le droit présenté dans le dossier documentaire est satisfaisant ou non.

Exceptionnellement, pour certaines notes de synthèse de certains concours ou examens, il faut réaliser une analyse personnelle en plus de la synthèse : il faut déterminer les aspects positifs et négatifs du droit présenté par le dossier documentaire, et proposer, d'une part, une conservation et un affermissement des aspects positifs, ainsi que, d'autre part, des remèdes aux aspects négatifs du droit présenté par le dossier documentaire.

B. L'absence d'analyse externe du dossier documentaire

La note de synthèse classique en droit n'exige pas d'analyse externe du droit présenté par le dossier documentaire, contrairement à certaines notes de synthèse pour certains concours ou examens.

Ainsi, la note de synthèse classique en droit interdit de faire des liens entre les documents du dossier documentaire et les autres sources du droit, qui ne sont pas mentionnées par lui.

Plus précisément, il ne faut mentionner aucune source, qu'elle soit textuelle, jurisprudentielle ou doctrinale, qui n'est pas mentionnée dans les documents du dossier documentaire, même si cette source est fondamentale, car la note de synthèse classique en droit est un constat objectif du droit tel qu'il est présenté par le dossier documentaire.

Concrètement, il ne faut pas évoquer d'abord une source antérieure à celles présentes dans le dossier documentaire, ensuite une source de la même époque que celles présentes dans le dossier, et enfin une source postérieure à celles présentes dans le dossier.

Toutefois, pour les notes de synthèse de certains concours ou examens, qui exigent une analyse en plus de la synthèse, il est possible de recourir à cette analyse externe du dossier documentaire.

IV. UN ÉCRIT DE SYNTHÈSE PORTANT SUR DES CONNAISSANCES DE DROIT POSITIF

La note de synthèse classique en droit est un résumé, par nature objectif, des connaissances de droit positif présentes dans le dossier documentaire.

Ces connaissances de droit positif relèvent de plusieurs catégories : les notions (A), les règles (B), les sources (C), les enjeux (D) et les évolutions (E) du droit.

A. Les notions essentielles au sujet en droit positif

La note de synthèse en droit doit comporter les définitions des grandes notions qui sont relatives au sujet et présentes dans le dossier documentaire, car la base de toute activité intellectuelle est constituée des définitions courtes et rigoureuses des grandes notions de la matière.

B. Les règles essentielles au sujet en droit positif

La note de synthèse en droit doit comporter les grandes règles relatives au sujet qui sont présentes dans le dossier documentaire. Ainsi, il faut saisir les règles constituant le régime des notions essentielles précitées. Plus précisément, il faut saisir les grands principes et les grandes exceptions, distinguer les conditions et les effets, le fond et la forme ou la procédure.

C. Les sources essentielles au sujet en droit positif

La note de synthèse doit mentionner les sources régissant le sujet. En effet, le droit français est essentiellement écrit et il faut prendre l'habitude, avant l'entrée dans la vie pratique, d'identifier les règles textuelles régissant le sujet, car ce sont ces régles qui servent de base à l'activité juridique.

D. Les enjeux essentiels du sujet en droit positif

La note de synthèse doit évoquer les enjeux théoriques et pratiques du sujet mentionnés dans le dossier documentaire.

E. Les évolutions essentielles ayant conduit au droit positif

La note de synthèse, même si elle ne doit jamais comporter de plan de chronologie historique, doit partir d'un point de départ logique dans l'introduction, car le droit positif s'enracine dans une évolution du droit et des faits, si bien qu'il faut replacer le sujet dans cette évolution afin que celui-ci soit compris, si cette évolution est évoquée dans le dossier documentaire.

Cela dit, la note de synthèse classique en droit se réalise en 6 étapes : une étude attentive du sujet sur lequel porte la note de synthèse (chapitre 1), une lecture de la liste des documents constituant le dossier documentaire et un classement de ceux-ci dans l'ordre chronologique (chapitre 2), une lecture et un résumé de chacun des documents au brouillon (chapitre 3), la construction d'un plan mais sans problématique (chapitre 4), la construction d'une introduction (chapitre 5), la rédaction de la note de synthèse (chapitre 6).

1re ÉTAPE : L'ÉTUDE ATTENTIVE DU SUJET

Généralement, le sujet sur lequel porte la note de synthèse est précisé. Par conséquent, il est fondamental de le lire attentivement.

Le sujet de la note de synthèse va servir lors de la lecture des documents afin de résumer les connaissances juridiques qui sont essentielles à ce sujet. Plus précisément, lors de la lecture de chacun des documents, il faut identifier les connaissances de droit positif que ce document comporte sur ce sujet et les résumer au brouillon.

Lors de la construction du plan, le titre de la note de synthèse sera repris dans les titres supérieurs de la note de synthèse (I.- et II.-) afin de coller au sujet.

2e ÉTAPE : LE CLASSEMENT DES DOCUMENTS

Il est indispensable de lire tous les documents du dossier et pour cela, il nous semble que le meilleur ordre de lecture est chronologique, en partant du plus ancien.

En effet, le droit s'inscrit dans une certaine évolution, et en lisant les documents dans cet ordre, l'évolution du droit apparaît. Plus précisément, le fait de saisir cette évolution sert, d'une part, à la construction de l'introduction dont la fonction est notamment d'évoquer cette évolution et, d'autre part, à la construction du plan qui peut prendre la forme d'un plan de mouvement ayant conduit à l'état du droit à la date de la note de synthèse, sans jamais être un plan de chronologie historique.

3e ÉTAPE : LA LECTURE DES DOCUMENTS ET LEUR RÉSUMÉ AU BROUILLON

La lecture des documents doit être réalisée dans l'ordre chronologique dans un temps inférieur aux deux cinquièmes du temps imparti pour l'épreuve.

Plus précisément, lors de cette lecture, chacun des documents va être résumé au brouillon : il faut ainsi extraire de chacun des documents les connaissances juridiques qui sont essentielles au sujet sur lequel porte la note de synthèse.

À l'inverse, aucune connaissance extérieure au dossier documentaire ne doit être utilisée dans la note de synthèse et aucune analyse personnelle des points positifs ou négatifs du droit positif ne doit être réalisée.

Cette lecture doit être méthodique. Il s'agit d'identifier objectivement les notions, règles, sources, enjeux et évolutions du droit relatifs au sujet qu'il faut traiter. En conséquence, il faut de préférence prendre une feuille de brouillon par document et résumer ce dernier sur cette feuille en mentionnant son titre et en reprenant son plan de manière objective. Toutefois, il est aussi possible de surligner l'essentiel de chaque document. Ainsi, cette lecture relève de la technique juridique et le résumé est bref. Concrètement, chaque document possède un plan, apparent ou non : par conséquent, ce plan, plus ou moins bon, structure le document dont il est la colonne vertébrale et doit être repris dans son résumé.

Évidemment tous les documents n'ont pas la même importance : les documents doctrinaux de grande taille sont les plus importants à lire, alors que les sources textuelles et jurisprudentielles les illustrent. Dès lors, il faut bien distinguer, d'une part, les documents essentiels et centraux, et d'autre part, les documents accessoires et secondaires. Ainsi, sur une feuille de brouillon, il est possible de présenter les liens entre les divers documents, par des flèches, exprimant les liens d'antériorité, de postériorité entre les documents, et les liens de complémentarité ou de contradiction entre ces documents.

- Premièrement, les documents doctrinaux doivent être épluchés avec précision, mais s'ils sont très longs, il faut se concentrer sur les connaissances mises en avant, dans le plan, les encadrés, les mots soulignés ou figurant en gras.
- Deuxièmement, les textes juridiques, qu'ils aient valeur constitutionnelle, conventionnelle ou légale, peuvent être étudiés avec précision, mais il faut

d'abord identifier la source dans laquelle ils sont, ensuite étudier leur plan, puis lire leur résumé si ce dernier existe, et enfin étudier leur lettre.
- Troisièmement, les décisions jurisprudentielles sont souvent trop longues pour les lire mot à mot, donc il peut être intéressant d'identifier la partie de la décision donnant la règle de droit applicable.
- Quatrièmement, les circulaires ou directives reprennent souvent les textes qu'elles commentent et peuvent être parcourues rapidement.

Ainsi cette lecture consiste à rechercher les connaissances utilisables pour traiter le sujet dans chacune des catégories de connaissances juridiques : les notions (I), règles (II), sources (III), évolutions (IV) et enjeux (V) essentiels du sujet.

I. LES NOTIONS ESSENTIELLES AU SUJET EN DROIT POSITIF

Il faut trouver dans le dossier documentaire, les définitions des concepts et distinctions ou catégories juridiques qui sont essentiels au sujet de la note de synthèse et dans les documents du dossier.

Ainsi, lors de la lecture du dossier documentaire, il va être possible, sur une feuille de brouillon, de définir chacun des termes du sujet de la note de synthèse en cinq temps.

- D'abord, il est possible, à l'aide du dossier documentaire, de définir positivement chaque mot du sujet de la note de synthèse, avec l'article défini ou indéfini le précédant.
- Ensuite, il est possible de réaliser une catégorisation de chaque mot du sujet de la note de synthèse : celle-ci consiste à déterminer, à l'aide du dossier documentaire, les catégories dans lesquelles se situe chaque mot du sujet, afin de le situer dans la matière.
- Puis, il est possible, à l'aide du dossier documentaire, d'étudier les subdivisions de chaque mot du sujet de la note de synthèse, afin de pouvoir envisager les différents aspects de chaque mot et de trouver des parties et sous-parties pour le plan de la note de synthèse.
- Par ailleurs, il est possible, à l'aide du dossier documentaire, de donner une définition négative de chaque mot du sujet de la note de synthèse, afin d'écarter ce que ce mot n'est pas.
- Enfin, il est possible, à l'aide du dossier documentaire, de rechercher et définir les mots connexes à chaque mot du sujet de la note de synthèse, c'est-à-dire les termes qui doivent être évoqués afin de comprendre le mot en question.

II. LES RÈGLES ESSENTIELLES AU SUJET EN DROIT POSITIF

Il faut identifier les règles, principes et exceptions régissant le sujet qui sont évoqués dans le dossier documentaire.

Ainsi, pour chaque règle de droit, il faut bien identifier, d'une part, ses conditions, et d'autre part, ses effets.

III. LES SOURCES ESSENTIELLES AU SUJET EN DROIT POSITIF

Il faut identifier les sources textuelles (lois, traités internationaux, Constitution, règlements) et non textuelles (jurisprudence et doctrine) évoquées par le dossier documentaire.

Cependant, le droit français étant un droit écrit, il faut dans les notes de synthèse avoir le réflexe d'identifier précisément les sources textuelles fondant les règles régissant le sujet.

IV. LES ÉVOLUTIONS ESSENTIELLES DU SUJET AYANT CONDUIT AU DROIT POSITIF

Il faut saisir les grandes évolutions du droit sur le sujet. D'une part, ces évolutions peuvent être ponctuelles, avec la consécration ou la suppression d'une règle. D'autre part, ces évolutions peuvent être tendancielles, c'est-à-dire longues, avec les mouvements du droit constitués par la succession de ces connaissances juridiques : généralement, ces mouvements sont ascendants, c'est-à-dire qu'il existe un développement du sujet ; plus rarement, ces mouvements sont descendants ou linéaires. Or, ces évolutions sont identifiées en partant d'un point de départ logique, à savoir les règles anciennes ou l'apparition dans les faits du problème que constitue le sujet, puis en alignant de façon chronologique les connaissances postérieures, afin d'étudier l'évolution allant du point de départ à la dernière de ces connaissances.

Plus précisément, l'identification de ces évolutions est intéressante, d'une part, car l'introduction doit rappeler l'évolution et, d'autre part, un des modèles de plans porte sur l'évolution jusqu'au droit positif.

V. LES INTÉRÊTS ESSENTIELS DU SUJET EN DROIT POSITIF

Ce sont les grands intérêts théoriques et pratiques mis en cause par le sujet et évoqués dans le dossier documentaire.

4e ÉTAPE : LA CONSTRUCTION D'UN PLAN ET L'ABSENCE DE PROBLÉMATIQUE

La dissertation est un travail de synthèse et d'analyse des connaissances de droit positif relatives à un sujet. Or, cette analyse s'opère par l'utilisation d'une problématique, qui est tout simplement la question commune à l'ensemble des connaissances relatives au sujet posé. Ainsi, afin de répondre à cette question, ces connaissances vont être confrontées à celle-ci tout au long du devoir.

Cependant, la note de synthèse en droit est exclusivement un travail de synthèse des connaissances de droit positif relatives à un sujet et présentes dans le dossier documentaire. Par conséquent, elle ne comporte pas de problématique en fin d'introduction, à laquelle seraient confrontées les connaissances tout au long du devoir.

La construction d'un plan de note de synthèse exige de définir ce que celui-ci constitue (I), avant d'évoquer les grandes règles de construction du plan (II), et les grands modèles de plans souvent utilisables (III).

I. LA DÉFINITION DU PLAN

Le plan est la colonne vertébrale de la note de synthèse. Il a deux fonctions.

Sa première fonction est essentielle, inévitable, incontournable : c'est la hiérarchisation, le classement, la présentation structurée des connaissances contenues dans le dossier documentaire.

Sa seconde fonction est optionnelle, non indispensable : c'est la réflexion sur les connaissances.

Cependant, dans la note de synthèse classique en droit, cette réflexion ne peut qu'être objective et porter sur l'évolution du droit, mais jamais être subjective et réaliser une analyse critique du droit.

Ses parties (I.- et II.-) et sous-parties (A.- et B.-) apparaissent formellement, alors que les parties inférieures n'apparaissent pas formellement mais structurent les développements avec les mots de liaison.

II. LES GRANDES RÈGLES DE CONSTRUCTION DU PLAN : LES DIX COMMANDEMENTS DU PLAN

Les dix commandements du plan regroupent, d'une part, six règles communes aux parties supérieures et aux sous-parties (A) et, d'autre part, quatre règles propres aux parties supérieures (B).

A. Les six règles communes aux parties supérieures et aux sous-parties

1. Une formulation simple et synthétique sans phrase, sans verbe conjugué et sans autre ponctuation qu'un point final.
   Ainsi, cette formulation ne doit pas être interrogative ou comporter des virgules ou points-virgules ou deux points.
   De plus, cette formulation doit être simple : il faut se méfier des effets de style et faire primer le fond, le sens sur la forme, en évitant les originalités formelles ou envolées lyriques (surtout aux concours).
2. Une affirmation, une idée par titre.
3. Un titre le plus court possible.
4. Jamais de hors-sujet dans les titres.
5. Des titres repris dans des annonces de plan en fin d'introduction et en début des parties (I.- et II.-), sous forme de synonymes.
6. Des titres construits de manière symétrique en s'opposant logiquement par couple.
   Les titres par couple (I.- et II.- ou A.- et B.-) doivent être construits en miroir : ils doivent être identiques, avoir le même nombre de mots et des mots de même nature, à l'exception d'une lettre, d'une syllabe ou de plusieurs. Le but est que les mots divergeant entre les titres par couple soient des antonymes, c'est-à-dire des contraires. Par ailleurs, ils débutent toujours par un article, qu'il soit défini ou indéfini.
   Cependant, il faut qu'ils s'opposent logiquement, qu'ils se répondent de sorte qu'en lisant l'un des titres du couple, il soit possible de deviner le second.

B. Les quatre règles propres aux parties supérieures (I.- et II.-)

1. Les parties supérieures reprennent les termes essentiels du sujet de la note de synthèse.
   Cela permet de coller au sujet et d'appliquer un des grands modèles de plans.
2. Les parties supérieures doivent traiter tout le sujet et rien que le sujet de la note de synthèse.

Autrement dit, d'une part, il ne faut pas que les parties supérieures soient plus larges que le sujet car celles-ci comporteraient une partie hors sujet et, d'autre part, il ne faut pas que les parties supérieures soient moins larges que le sujet car celles-ci ne traiteraient pas tout le sujet.
En somme, les parties supérieures doivent avoir un degré de précision équivalent à celui du sujet.

3. Les parties supérieures doivent être équilibrées entre elles.
Quantitativement, il faut que les parties supérieures soient de même volume, que celles-ci aient la même quantité de connaissances.
Qualitativement, il faut que les parties supérieures soient d'un intérêt identique.

4. Les parties supérieures doivent refléter de préférence la logique du sujet ou de son évolution.
De préférence, les parties supérieures doivent refléter la logique du sujet présenté par le dossier documentaire, c'est-à-dire qu'elles doivent être tirées, induites de la logique du sujet. Cependant, il est possible de plaquer sur le sujet un des grands modèles de plan.

III. LES GRANDS MODÈLES DE PLANS

Il est possible de regrouper les plans de note de synthèse en deux groupes.

D'une part, les plans de hiérarchisation, de classement, de cours, qui présentent de façon structurée les connaissances de droit positif présentes dans le dossier documentaire, sans développer une idée ou réflexion (A).

D'autre part, les plans d'idées, de réflexion (B), qui peuvent être objectives et porter sur l'évolution du droit telle qu'elle ressort du dossier documentaire, mais jamais subjectives et étudier les points positifs et négatifs du droit positif présenté par le dossier documentaire (C).

En pratique, les parties supérieures (I.- et II.-) peuvent prendre l'une des deux formes, mais si les plans de réflexion objective sont intéressants aux concours car ceux-ci sont dynamiques et consensuels, les plans de hiérarchisation sont plus fréquents dans les notes de synthèse classiques que les plans de réflexion. À l'inverse, les parties inférieures (A.- et B.-) prennent généralement la forme des plans de hiérarchisation, mais peuvent aussi rarement prendre les autres formes.

A. Les plans de hiérarchisation

Il existe des distinctions qui sont propres au sujet donné et apparaissent clairement à la lecture du dossier documentaire : elles peuvent être de logique juridique ou de chronologie juridique, c'est-à-dire étudier les étapes juridiques, mais jamais de chronologique historique.

Il est possible d'utiliser ces distinctions internes aux termes du sujet afin de construire le plan de la note de synthèse.

Toutefois, il est aussi possible d'utiliser les grandes distinctions du droit afin de construire le plan de note de synthèse.

1. Les distinctions fondées sur les différents aspects d'une règle

- Domaine = Champ (où s'applique la règle) / Régime (comment s'applique la règle).
- Nature (ce que c'est juridiquement) / Régime (comment s'applique la règle).
- Fondement (quel est le fondement juridique) / Régime (comment s'applique la règle).
- Notion = Concept (définition) / Régime (comment s'applique la règle).
- Notion = Concept (définition) / Fonction (utilisation juridique).

2. Les distinctions internes au régime juridique d'une règle

- Conditions/Effets.
- Conditions/Sanctions.
- Règle/Sanction.
- Fond/Forme.
- Fond/Procédure.

3. Les distinctions de la règle et de ses limites

- Principes/Limites (de domaine et de régime).
- Principe/Exception ; Dérogation (une exception ou dérogation est une règle contraire au principe, s'appliquant à sa place).
- Principe/Atténuation (une atténuation laisse le principe s'appliquer mais atténue ses conséquences).

4. Les distinctions des différentes sources ou institutions du droit ou des différents ordres juridiques

- Texte ; Textuel/Juge ; Jurisprudence ; Jurisprudentiel.
- Loi ; Législateur ; Parlement/Juge ; Jurisprudence.
- Texte ; Textuel ; Ecrit/Hors texte ; Non textuel ; Non écrit.
- International/Interne ; National ; Français.
- Europe ; Européen ; Communautaire/France ; Français ; National.
- État ; Personnes publiques/Particuliers ; Personnes privées.
- Parties/Tiers.

5. Les distinctions de chronologie historique à ne jamais utiliser dans les parties supérieures

- Traditionnel/Moderne ; Nouveau ; Actuel ; Récent ; Contemporain.
- Avant/Après.
- Autrefois ; Auparavant/Aujourd'hui ; Dorénavant.

6. Les distinctions des phases d'une situation juridique

- Formation ; Conclusion ; Création/Exécution ; Effets.
- Formation ; Conclusion ; Création/Extinction ; Suppression ; Disparition.
- Exécution ; Effets/Extinction ; Suppression ; Disparition.

7. Les distinctions des différents aspects d'une institution, d'un organe ou d'une personne

- Statut ; Organisation/Fonction ; Pouvoir ; Attributions ; Rôle.

8. Les rapports entre notions ou règles

- Général/Spécial ; Particulier.
- Commun/Particulier.
- Ordinaire/Extraordinaire.
- Général ; Principal ; Central/Marginal ; Résiduel ; Périphérique.
- Majoritaire/Minoritaire.
- Essentiel/Accessoire.
- Naturel/Accidentel.
- Alternatif/Cumulatif.

9. Les différents points d'étude d'une question

- Constat/Causes/Conséquences/Solutions ; Remèdes.

10. Les distinctions hétérogènes du droit

- Fait ; Circonstances ; Matériel/Droit ; Juridique.
- Opportunité ; Équité/Droit.
- La technique juridique/La politique juridique.
- Théorie/Pratique.
- Droit positif/Droit prospectif.
- Personne/Bien.
- Apparence ; Apparent/Réalité ; Réel ; Patent.
- Prévention ; Préventif/Sanction ; Curatif.
- Gracieux/Contentieux.
- Direct/Indirect.
- Effet prophylactique/Effet pervers.
- Incitatif/Dissuasif.
- Statique/Dynamique.
- Contenu/Contenant.
- Intrinsèque/Extrinsèque.

11. Les distinctions fondées sur le rapport entre le sujet et la matière

- Le sujet source de la matière/La matière source du sujet.
- Le sujet facteur d'application de la matière/Le sujet facteur d'inapplication de la matière.
- La matière favorable au sujet/La matière défavorable au sujet.
- Le sujet admis par la matière/Le sujet prohibé par la matière.
- Le sujet source de sévérité/Le sujet source de clémence.
- L'application de la matière dans le sujet/L'application du sujet dans la matière.

12. Les distinctions de droit pénal et procédure pénale

- Le sujet source de sévérité/Le sujet source de clémence.
- Le sujet favorable à la répression/Le sujet défavorable à la répression.
- Le sujet prohibé en droit pénal/Le sujet admis en droit pénal.
- Le sujet source de droit pénal/Le droit pénal source du sujet.
- Le sujet facteur de responsabilité pénale/Le sujet facteur d'irresponsabilité pénale.
- Le sujet condition de la répression/Le sujet mesure de la répression.
- Le sujet source d'aggravation de la répression/Le sujet source d'atténuation de la répression.
- Le sujet source d'application du droit pénal/Le sujet source d'inapplication du droit pénal.
- Incrimination/Répression ; Sanction.
- Domaine/Régime.
- Fond/Procédure.
- Prévention/Sanction.
- Délinquant/Victime.
- Auteur/Complice.

13. Les distinctions de droit civil et procédure civile

a) Les distinctions des branches du droit civil

- Les personnes ; Personnel/Les biens ; Réel.
- Le droit civil économique/Le droit civil des personnes et de la famille.

b) Les distinctions en droit des obligations

- Les sources des obligations/Le régime des obligations.
- Les actes juridiques/Les faits juridiques.
- L'acte juridique contractuel/L'acte juridique unilatéral.
- Formation ; Conclusion ; Création/Effets ; Exécution.
- Effets ; Exécution/Extinction.

c) Les distinctions en droit de la famille

- Les rapports de couple/Les rapports de filiation.
- La famille en mariage/La famille hors mariage.
- Les couples mariés/Les couples non mariés.
- Les rapports personnels ; extrapatrimoniaux/Les rapports pécuniaires ; patrimoniaux.
- L'existence du lien de filiation/Les conséquences du lien de filiation.
- L'établissement du lien de filiation/La contestation du lien de filiation.
- Le couple conjugal/Le couple parental.

B. Les plans d'idées objectives

Les plans d'idées objectives étudient les évolutions du droit qui peuvent être de deux types.

D'une part, ces évolutions peuvent être ponctuelles (1). D'autre part, ces évolutions peuvent être longues, c'est-à-dire constituer des mouvements, des tendances (2). Ils sont très souvent utilisables pour les dissertations en droit, mais moins pour les notes de synthèse en droit car ce sont les plans de hiérarchisation qui s'appliquent le mieux à ces dernières.

1. Les évolutions ponctuelles du droit

- Apparition ; Consécration ; Affirmation.
- Conservation ; Confirmation.
- Infirmation.
- Modification ; Réforme ; Évolution.
- Suppression ; Disparition ; Abrogation.
- Rémanence ; Réapparition ; Résurgence.

2. Les évolutions tendancielles ou longues du droit : les mouvements

Un sujet est posé aux examens et concours car il a connu une évolution, apparente ou réelle, qui a suscité l'intérêt de la personne l'ayant posé. Plus précisément un mouvement est constitué d'une série de connaissances juridiques. Or, généralement, ce mouvement est ascendant, c'est-à-dire que le sujet a connu une évolution vers le haut (a). Toutefois, plus rarement, le sujet a connu un mouvement de stagnation (c) ou de déclin (b). En conséquence, il faut toujours se demander sur un sujet si ce plan-mouvement est applicable : il a l'intérêt d'être dynamique. De plus, des adjectifs peuvent être utilisés afin de montrer l'étendue d'un mouvement (d).

a) Les évolutions ascendantes du droit ou mouvements vers le haut

- Développement ; Renforcement ; Extension ; Essor ; Accroissement ; Aggravation.

b) Les évolutions descendantes du droit ou mouvements vers le bas

- Déclin ; Perte ; Restriction ; Réduction ; Atténuation ; Disparition ; Affaissement ; Effacement.

c) Les évolutions linéaires du droit ou mouvements constants

- Persistance ; Permanence ; Stagnation ; Maintien.

d) Les adjectifs objectifs servant à préciser la teneur du mouvement

Ces évolutions sont très souvent utilisables avec des adjectifs précisant la teneur de ces tendances dans chacune des parties supérieures.

En particulier, ces termes peuvent être utilisés avec les adjectifs « continu » et « contenu » dans le I.- et le II.- afin de décrire dans les parties supérieures un mouvement : par exemple, le plan opposant I.- Un développement continu du sujet/II.- Un développement contenu du sujet, est un plan très souvent utilisable car si un sujet est posé, c'est parce que ce sujet a connu une évolution notable, qui est généralement ascendante.

Voici des adjectifs permettant de décrire la teneur du mouvement, son étendue.

La vitalité de la tendance objective est exprimée par les adjectifs :

- Continu ; Constant.
- Récent.
- Croissant ; Soutenu ; Substantiel.
- Avéré ; Réel.

Les limites de la tendance objective sont exprimées par les adjectifs :

- Contenu ; Encadré ; Limité ; Contrasté ; Restreint ; Partiel.
- Subsidiaire.

Ces adjectifs peuvent être combinés notamment de la façon suivante :

- Continu/Contenu.
- Récent/Restreint.

C. L'interdiction des plans d'idées subjectives

Les plans d'idées subjectives réalisent une analyse des aspects positifs et négatifs des règles de droit positif régissant le sujet : ils sont interdits pour la note de synthèse en droit.

Voici certaines distinctions et certains termes qui ne peuvent être utilisés pour construire un plan d'idées subjectives.

- Efficace/Imparfait.
- Performant/Perfectible.
- Efficient/Déficient.
- Satisfaisant/Insatisfaisant.
- Intéressant/Décevant.
- Positif/Négatif.
- Cohérent/Incohérent.
- Croissant/Incertain.
- Opportun/Inopportun.
- Consensuel/Conflictuel.
- Contesté, Contestable, Critiquable/Justifiable.

5e ÉTAPE : LA CONSTRUCTION D'UNE INTRODUCTION

La construction d'une introduction exige de définir sa fonction (I), son contenu (II) et sa forme (III).

I. SA FONCTION

L'introduction est fondamentale car elle sert à situer le sujet dans le temps et dans la matière, en allant du général au spécial, sous forme d'entonnoir, afin d'amener logiquement l'annonce de plan.

En somme, l'introduction est la bande-annonce de la note de synthèse : elle est une sélection de ses meilleures connaissances et sa rampe de lancement.

Cependant, elle est un peu différente de l'introduction de la dissertation, car il s'agit ici de présenter le problème factuel traité par le droit, ainsi que l'évolution du droit, sans avoir à amener une problématique.

II. SON CONTENU

L'introduction doit partir d'un point de départ logique, qui peut être l'évocation du problème factuel que le droit traite ou le point de départ d'une évolution du droit. Ainsi, elle comporte les connaissances incontournables relatives au sujet. Toutefois, il n'est jamais question d'analyse subjective de ces connaissances et elle ne peut utiliser le mode du conditionnel, comme le fait la dissertation : elle est donc toujours à l'indicatif.

Plus précisément, elle doit mentionner les notions incontournables (A), les règles incontournables (B), les sources incontournables (C), les enjeux incontournables (D) et les évolutions incontournables (E) du droit, non pas en respectant de manière rigide cet ordre, mais de manière élégante et avec un fil conducteur jusqu'à l'annonce de plan.

Par ailleurs, elle peut comporter des connaissances de matières non juridiques, si celles-ci sont évoquées par le dossier documentaire.

Enfin, il faut construire un plan détaillé de l'introduction et la rédiger au brouillon.

A. Les notions incontournables

L'introduction doit définir les grandes notions du sujet, à l'aide des documents du dossier.

Premièrement, il faut situer les termes du sujet dans les grandes catégories de la matière afin de resituer le sujet.

Deuxièmement, il faut définir négativement les termes du sujet afin d'écarter les connaissances étrangères au sujet.

Troisièmement, il faut définir positivement les termes du sujet car ceux-ci constituent le cœur du sujet.

Quatrièmement, il faut mentionner les divisions internes aux termes du sujet.

B. Les règles incontournables

L'introduction doit mentionner, sans les développer, les règles incontournables du sujet présentes dans le dossier documentaire.

C. Les sources incontournables

L'introduction doit mentionner, sans les développer, les sources incontournables du sujet. Il faut évoquer s'ils sont présents dans le dossier documentaires incontournables sur le sujet, mais aussi la jurisprudence incontournable, les sources supra-législatives ou infra-législatives incontournables, ainsi que les travaux doctrinaux et auteurs incontournables.

D. Les enjeux ou intérêts incontournables

L'introduction doit évoquer les enjeux ou intérêts incontournables du sujet, présents dans le dossier documentaire, afin de démontrer que celui-ci est un excellent choix de la part de son créateur.

Les enjeux théoriques et pratiques sont très intéressants pour constituer l'introduction, mais non la problématique, qu'une note de synthèse ne comporte jamais.

E. Les évolutions incontournables

L'introduction doit étudier les évolutions incontournables du sujet présentées dans le dossier documentaire, car elle sert à situer le sujet dans le temps et la matière.

Ainsi, il faut trouver un point de départ logique, puis étaler les connaissances incontournables dans l'ordre chronologique, afin d'étudier l'évolution du droit, réelle ou du moins apparente, depuis ce point de départ. Plus précisément, ce point de départ peut être une réforme législative, une jurisprudence ou l'apparition d'un problème factuel. Une rupture peut être trouvée dans cette évolution : le premier temps de l'introduction sera constitué par l'état initial du droit, alors que le second temps de celle-ci sera constitué par la rupture.

III. LA FORME DE L'INTRODUCTION

L'introduction doit être courte : elle doit être d'une demi-page ou des deux tiers d'une page. Plus précisément, elle comporte quatre parties bien distinguées formellement par des alinéas : une accroche optionnelle et objective (A), le premier temps de l'introduction (B), le deuxième temps de l'introduction s'opposant au premier chronologiquement ou logiquement (C), ainsi que l'annonce de plan (D).

A. L'accroche optionnelle

L'accroche est optionnelle. Elle peut utiliser une connaissance juridique particulièrement intéressante ou une connaissance de culture générale du dossier documentaire. En particulier, il est souvent possible de présenter le sujet de la note de synthèse comme un sujet de société. Cependant, elle n'est pas obligatoire et il ne faut pas perdre trop de temps à la rechercher : il est préférable d'entrer dans le sujet directement en définissant ses termes de manière élégante.

B. Le premier temps de l'introduction

Ce premier temps de l'introduction est le cœur de l'introduction et situe le sujet dans le temps et la matière, en partant d'un point de départ logique, en mentionnant les problèmes factuels auxquels doit répondre le droit, ainsi que la politique juridique.

C. Le deuxième temps de l'introduction

Ce deuxième temps se construit en opposition avec le premier afin de dynamiser l'introduction et d'amener logiquement la problématique.

Plus précisément, cette opposition peut être de deux types : soit une opposition logique, entre par exemple les deux enjeux contradictoires du sujet ; soit une opposition chronologique, entre un point de départ et une rupture.

D. L'absence de problématique et l'annonce de plan

La quatrième partie de l'introduction comporte l'annonce de plan, mais pas de problématique.

6e ÉTAPE : LA RÉDACTION DE LA NOTE DE SYNTHÈSE

La rédaction de la note de synthèse en droit est soumise à des règles de forme (I) et de fond (II).

I. LES RÈGLES DE FORME DE LA RÉDACTION

Les règles de forme de la rédaction de la note régissent d'abord l'introduction (A), ensuite le plan et les développements (B), enfin la conclusion (C), pour lesquels doivent être utilisés des mots de liaison (D).

A. L'introduction

L'introduction a été rédigée au brouillon et lors de sa rédaction sur la copie, il faut bien distinguer ses quatre parties. Pour cela, chacune de ses parties doit débuter par un alinéa, sans sauter de ligne entre elles car la note de synthèse est courte. Enfin, l'annonce de plan comporte entre parenthèses les numéros des parties supérieures.

B. Le plan et les développements

D'abord, les parties supérieures (I.- et II.-) apparaissent formellement, comme les sous-parties (A.- et B.-).

Ensuite, les sous-parties sont annoncées rapidement comme les parties en fin d'introduction.

En outre, il faut rédiger des transitions courtes entre les parties et entre les sous-parties.

De plus, il faut que les parties inférieures aux sous-parties (1.- et 2.-, a.- et b.-) apparaissent, non formellement comme des intitulés, mais dans les développements, en tant que blocs de textes débutant par des mots de liaison (« en premier lieu » pour le 1.- et « en second lieu » pour le 2.-).

Enfin, il faut déterminer l'origine de chaque connaissance présente dans le dossier et citer chacun des documents du dossier au moins une fois en l'identifiant entre parenthèses : en effet, cette exigence ne se retrouve plus aujourd'hui dans toutes les notes de synthèse classiques (les instructions sur le concours de l'ENM affirment qu'il faut citer les seuls documents utiles), mais le fait de la respecter permet d'insérer une certaine rigueur dans la précision de la note et d'apporter la preuve de la lecture de chacun des documents.

C. La conclusion

Il faut rédiger une dernière phrase constituant une conclusion courte de la note rappelant le plan.

D. Les mots de liaison

1. Les mots permettant l'énumération d'idées

- D'abord, ensuite, enfin.
- En premier lieu, en deuxième lieu...
- Puis, de plus, par ailleurs, de même, en outre.
- D'une part, d'autre part.

2. Les mots permettant une opposition entre des idées

- Mais, cependant, toutefois, néanmoins, en revanche, au contraire, par contre.

3. Les mots permettant d'exprimer la cause d'une idée

- Car, en effet, parce que, puisque, étant donné.

4. Les mots permettant d'exprimer les conséquences d'une idée

- Ainsi, donc, par conséquent, en conséquence, c'est pourquoi, dès lors.

5. Les mots permettant l'illustration d'une idée

- C'est-à-dire, par exemple, notamment, dont, ainsi, de fait, en effet.

6. Les mots permettant l'adhésion à une idée

- Certes, bien entendu, assurément, bien sûr, sans doute.

7. Les mots permettant une conclusion

- En définitive, finalement, en somme, au total, en conclusion, en résumé.

II. LES RÈGLES DE FOND DE LA RÉDACTION

La note de synthèse en droit consiste à résumer de manière structurée les connaissances de droit positif relatives au sujet et présentes dans le dossier documentaire. En conséquence, il n'existe pas de problématique à laquelle sont confrontées ces connaissances.

PARTIE 2

L'APPLICATION DE LA MÉTHODE DE LA NOTE DE SYNTHÈSE EN DROIT

CORRIGÉ 1 : LE DROIT AU LOGEMENT OPPOSABLE

Remarques : Le dossier documentaire est reproduit à la suite de la note ; présenter une note de synthèse corrigée à un concours présente plusieurs avantages : premièrement, utiliser un sujet et un dossier documentaire donnés à un concours ; deuxièmement, montrer une assez bonne copie selon les correcteurs ; troisièmement, obliger le lecteur à faire abstraction de l'évolution du droit postérieure à la date de l'épreuve, ce qui est un bon entraînement pour apprendre à ne pas utiliser de connaissances extérieures au dossier documentaire.

Note de synthèse rédigée : Le droit au logement opposable (copie du concours d'entrée à l'école nationale de la magistrature 2009 : 13/20).

[Accroche] Le logement constitue un réel problème de société puisque l'on estime que de 600 000 à 1 700 000 ménages connaissent de lourdes difficultés en ce domaine (doc. 5).

[1er temps de l'introduction] C'est ainsi que le droit au logement a été reconnu comme un droit fondamental par la loi du 6 juillet 1989 et consacré en tant qu'objectif à valeur constitutionnelle par le Conseil constitutionnel en 1995 (doc. 5).

[2e temps de l'introduction] Toutefois ce droit ne faisait pas alors réellement partie du droit positif, ce qui a conduit d'abord certaines associations (doc. 10) à revendiquer sa positivité et ensuite les pouvoirs publics à instituer un réel « *droit opposable au logement* » par la loi du 5 mars 2007 (doc. 4).

[Annonce de plan] Ainsi, le droit opposable au logement a fait l'objet d'une affirmation récente (**I**) ; pour autant, son effectivité n'est aujourd'hui que restreinte (**II**).

I. L'AFFIRMATION RÉCENTE DU DROIT AU LOGEMENT OPPOSABLE DANS LA LOI

[Annonce du plan du I] La loi du 5 mars 2007 a consacré un droit au logement qui est opposable à l'État par une procédure double : une phase amiable (**A**) précède un éventuel recours contentieux (**B**).

A. La première phase amiable de la procédure garantissant le droit au logement opposable

La loi du 5 mars 2007 a tout d'abord posé des conditions générales pour pouvoir disposer du droit au logement opposable (doc. 4), qu'un règlement d'application a précisées (doc. 6) le 28 novembre 2007, après qu'une circulaire est intervenue (doc. 8). Pour bénéficier de ce droit, il faut résider régulièrement en France selon des conditions qui sont plus strictes pour les étrangers non européens que pour les européens (doc. 7) et ne pas être en mesure d'accéder ou de se maintenir dans un logement seul par ses propres moyens. Une fois ces conditions générales remplies, la personne va devoir s'adresser à une Commission départementale de Médiation, réformée en 2007 et qui est composée de représentants des pouvoirs publics et des intervenants dans le domaine du logement, à l'aide d'un formulaire spécial (doc. 11). Ceci étant, le législateur (doc. 4) a distingué deux séries de recours amiables devant cette commission. En premier lieu, il existe des recours tendant à demander un logement social ordinaire (doc. 8) : ceux-ci peuvent être exercés soit avec un délai par une personne qui n'a pas reçu de proposition de logement, soit sans délai pour les situations graves (absence de logement, menace d'expulsion, logement transitoire ou impropre ou sur-occupé). La commission se livre alors à un examen de la demande de logement social, le demandeur pouvant se faire assister par une association s'intéressant au logement par son objet (doc. 8) et le bailleur devant informer celle-là de la situation du demandeur. Au terme de son analyse, elle désigne les demandeurs prioritaires et urgents selon certains critères (besoins et capacités) et transmet leur liste au préfet qui désigne un bailleur devant résoudre le problème. Toute décision défavorable de la Commission faisant grief, celle-ci peut être attaquée par la voie du recours pour excès de pouvoir devant le juge administratif (doc. 3) qui peut alors annuler celle-ci et enjoindre à la Commission un réexamen de la demande. En second lieu, il existe des recours dont le but est d'obtenir un accueil en structure d'hébergement et qui s'exerce toujours sans délai suivant la même procédure.

[Transition entre le A et le B] Cette première phase amiable doit permettre à la personne d'obtenir un logement : si ce n'est pas le cas, elle peut exercer un recours contentieux.

B. La deuxième phase contentieuse de la procédure garantissant le droit au logement opposable

Le législateur de 2007 (doc. 4) a ouvert un recours contentieux au demandeur insatisfait devant le juge administratif. Là aussi, il a distingué les recours ayant trait à un logement ou un accueil et il a posé la règle selon laquelle ceux qui peuvent saisir la Commission sans délai peuvent exercer un recours contentieux dès le 1er décembre 2008, alors que les autres ne le pourront qu'à partir de 2012 (doc. 8). Ceci dit, de tels recours ont déjà été exercés en pratique (doc. 2). Ils suivent les mêmes règles de procédure : c'est un recours de plein contentieux, le demandeur peut être assisté comme dans la phase amiable mais pas « représenté », le juge administratif statue en principe à juge unique dans un délai de deux mois sachant que le recours doit être intenté dans les quatre mois qui suivent l'expiration du délai de six mois qu'a le préfet pour proposer une offre de logement adaptée. Plus précisément, sa mission est de constater que la Commission a bien reconnu le requérant comme prioritaire, mais aussi que la condition d'urgence qu'elle a constatée existe toujours et enfin qu'il n'existe pas d'offre adaptée pour le requérant. Une fois qu'il a réalisé ces constatations, il doit enjoindre (doc. 2) à l'État de loger le requérant, ce qui montre que la loi a créé une « obligation de résultat » à sa charge (doc. 1), éventuellement sous astreinte spéciale dont le montant est versé à un fonds œuvrant pour le logement mais pas au requérant (doc. 2).

[Transition entre les I et II] Ainsi, le droit au logement opposable a été consacré récemment par la loi grâce à une double procédure ; cependant, aujourd'hui son application est restreinte, il n'est pas effectif.

II. L'APPLICATION RESTREINTE DU DROIT AU LOGEMENT OPPOSABLE DANS LA LOI

[Annonce du plan du II] Le constat à l'heure actuelle est objectivement celui d'une effectivité restreinte du droit au logement opposable (**A**) ce qui a suscité des propositions pour le rendre effectif (**B**).

A. Le constat de l'effectivité restreinte du droit au logement opposable

Le législateur a fait de nombreux efforts pour rendre effectif ce droit opposable au logement, mais des obstacles le rendent ineffectif en pratique. En effet, la loi de 2007 (doc. 4) a imposé des normes précises quant à la capacité en logements sociaux des communes, elle a aussi renforcé le financement de l'aide au logement, elle a créé un droit à être accueilli pendant la procédure qu'elle a instituée, elle a obligé le préfet à informer de l'existence de cette loi, elle a enfin invité les collectivités à coopérer dans ce but et institué une

Comité de suivi de l'application du droit au logement, mais la pratique n'est pas forte. Ainsi, sur 500 000 ménages qui connaissent des problèmes pour se loger, seuls 60 000 ont eu recours à la Commission de médiation (doc. 9), sur ces 60 000 recours 30 000 ont été jugés irrecevables (doc. 1) et 15 000 urgents pour 300 recours contentieux (doc. 1). Les causes de cette faible pratique sont diverses : il existe un défaut d'information des citoyens, une lenteur dans la création des Commissions de médiations, un mauvais fonctionnement de leur part avec la création *contra legem* de filtrage et une appréciation des conditions légales sévère (doc. 9). Le droit au logement opposable est aujourd'hui confiné (doc. 9) et donc très largement inappliqué ce qui ne mobilise plus l'opinion publique (doc. 10).

[Transition entre le A et le B] C'est ainsi que des propositions ont été réalisées pour le rendre effectif.

B. Les propositions pour l'effectivité pleine du droit au logement opposable

Le Comité de suivi de l'application du droit au logement opposable a dans son premier rapport (doc. 5) opéré de nombreuses propositions afin que ce droit soit effectif. La première série de propositions recherche le respect des délais de mise en œuvre de ce droit : s'agissant du recours amiable, il faut créer l'ensemble des commissions de médiation dans chaque département et leur donner les moyens humains et matériels pour réussir et il est nécessaire que le préfet puisse activer un contingent de logements suffisant. Quant au recours contentieux, pour le limiter il faut construire plus de logements sociaux, améliorer le traitement de l'habitat indigne, moderniser la prévention des expulsions et faire en sorte que les critères légaux du droit au logement soient appliqués tout en développant la connaissance des besoins en logement avec un éventuel observatoire national. Parallèlement, il existe un second objectif quant au contenu de l'application du droit au logement : il doit être accompagné socialement tout en distinguant logement et hébergement.

[Conclusion] Selon le comité de suivi du droit au logement, ceci devrait faire en sorte que le droit au logement opposable ne soit plus seulement consacré en droit mais qu'il ait, au-delà de cette positivité récente, une effectivité qui ne soit plus restreinte.

DOSSIER DOCUMENTAIRE

Rédigez, à partir des documents joints, une note de synthèse de quatre pages environ, relative au droit au logement opposable.

Liste des documents

Document n° 1 : Article paru dans *L'Express* du 12 février 2009, intitulé « Mal-logés : un toit, c'est la loi ! »

Document n° 2 : Droit au logement opposable, acte II – Études parues dans AJDA, 23 mars 2009.

Document n° 3 : Commentaires à la suite d'une décision du tribunal administratif de Paris le 20 mai 2008, revue Loyers et copropriété, juillet-août 2008.

Document n° 4 : Extraits de la loi n° 2007-290 du 5 mars 2007 instituant le droit au logement opposable et portant diverses mesures en faveur de la cohésion sociale.

Document n° 5 : Article paru dans la revue *Loyers et copropriété* « Vers une effectivité du droit au logement opposable », décembre 2007.

Document n° 6 : Note relative au décret du 28 novembre 2007 relatif à l'attribution des logements locatifs sociaux, au droit au logement opposable et modifiant le code de la construction et de l'habitation, revue *Loyers et Copropriété*, février 2008.

Document n° 7 : Article concernant les conditions de permanence de la résidence des bénéficiaires du droit à un logement décent et indépendant paru dans la revue *Loyers et Copropriété* en novembre 2008.

Document n° 8 : Extraits de la circulaire en date du 4 mai 2007 relative à l'application des dispositions de la loi du 5 mars 2007 instituant le droit opposable au logement et portant diverses mesures relatives à la cohésion sociale.

Document n° 9 : Article paru dans *Libération* en date du 3 février 2009 intitulé « Le droit au logement opposable reste confiné ».

Document n° 10 : Article paru dans *Libération* du 15 mai 2009 intitulé « Don Quichotte qui Doutent ».

Document n° 11 : Modèle de formulaire de recours devant la commission de médiation. (non reproduit)

Document n° 1 : Article paru dans *L'Express* du 12 février 2009, intitulé « Mal-logés : un toit, c'est la loi ! »

En banlieue parisienne, la famille de Souza a exercé son droit au logement opposable. Sans illusion.

Leur dossier Dalo a été déposé il y a deux semaines. Un parmi les 60 000 recensés en France. Parmi eux, la moitié ont été jugés « recevables », près de 15 000 « urgents » et moins de 300 ont donné lieu à un contentieux.

Tandis que le Parlement examine la nouvelle loi Boutin, Diva, sa fille et sa petite-fille voudraient s'accrocher à cet ultime espoir. Elles sont sans illusions. La maison à 15 euros, la garantie locative, les rendez-vous à la mairie et les lettres à la ministre, elles ont tout tenté. En vain.

La mère, concierge à la retraite, perd ses cheveux par paquets. « De stress », confie-t-elle. Sa fille de 26 ans « a envie de mourir ». Serveuse, elle enchaîne des journées de quinze heures pour payer les factures… Leur loyer culmine à 950 euros, leurs dettes sont dix fois supérieures. L'ancienne gardienne d'immeuble renouvelle pourtant dûment sa demande HLM depuis 1997 : à l'époque, les rats couraient le long des murs de sa loge insalubre. Mise à la retraite en 2004, Diva a dû quitter les lieux, une adolescente et son bébé sous le bras. Pendant un an, le trio a navigué entre les hôtels, le foyer d'hébergement, les amis qui dépannent. Avant de s'installer, enfin, dans un deux-pièces à Châtillon (Hauts-de-Seine). Mais, en octobre, les trois locataires ont reçu un avis d'expulsion. Depuis, elles comptent les jours : la trêve hivernale s'achève le 15 mars.

« Venez nous voir quand vous n'aurez plus votre appartement, on appellera le 115 ! » Ce jour de janvier, la réponse faite à leur énième demande de relogement par un agent de la mairie leur a donné le coup de grâce. « Il y a deux ans, un fonctionnaire m'avait proposé un HLM à Saint-Denis contre 3 000 euros en cash, raconte Tatiana (1). Si j'avais su, j'aurais accepté le marché… » Il y a peu, sa mère, 72 ans, a voulu rencontrer les militants de Droit au logement (DAL). Devant le squat installé par l'association rue de la Banque, à Paris, le miracle n'a pas eu lieu : on lui a conseillé de repasser quand elle serait à la rue…

Document n° 2 : Droit au logement opposable, acte II – Études parues dans AJDA, 23 mars 2009

En hiver 2006, l'occupation du canal Saint-Martin par des centaines de tentes de sans-domicile-fixe avait permis d'alerter et de sensibiliser l'opinion publique sur leur situation et avait conduit le gouvernement à faire adopter en urgence la loi n° 2007-290 du 5 mars 2007 instituant le droit au logement opposable (loi dite « Dalo » désormais codifiée aux art. L. 300-1 et L. 441-2-3 et s. du code de la construction et de l'habitation, v. J.-Ph. Brouant, AJDA, 2008, 506). Attendue et revendiquée depuis longtemps par les associations de défense des mal-logés, cette loi a néanmoins été accueillie avec circonspection par ces dernières, compte tenu des incertitudes pesant sur les modalités de sa mise en œuvre.

Selon l'article L. 300-1 du code de la construction et de l'habitation (CCH), le droit au logement opposable repose sur deux piliers. Le premier est constitué par la voie d'un recours administratif « amiable », présenté devant une commission de médiation chargée de désigner les personnes prioritaires. Le second permet aux demandeurs de faire valoir leur droit au logement devant les tribunaux administratifs. Ouvert depuis le 1er décembre 2008, ce recours juridictionnel est réservé aux personnes qui ont fait préalablement l'objet d'une décision favorable de la commission de médiation, c'est-à-dire celles dont la demande de logement a été reconnue comme prioritaire et urgente, mais qui n'ont pas reçu, dans un délai fixé par décret, une offre de logement tenant compte de leurs besoins et de leurs capacités.

Après avoir éprouvé, dans le cadre des recours pour excès de pouvoir dirigés contre les décisions défavorables de la commission de médiation, le caractère restrictif des critères retenus par la loi Dalo pour apprécier le caractère prioritaire d'une demande (v. Premières applications de la loi Dalo, AJDA, 2009. 128), le tribunal administratif de Paris a pu expérimenter, pour la première fois à la fin du mois de janvier 2009, le nouveau recours juridictionnel institué par cette loi, à l'occasion de l'examen d'une cinquante de requêtes.

Régi par l'article L. 441-2-3-1 du code de la construction et de l'habitation et les articles R. 778-7 et suivants du code de justice administrative, ce recours de plein contentieux peut être regardé comme visant à assurer l'exécution des décisions favorables de la commission de médiation. Il est en principe examiné par un juge unique, qui statue en urgence sans conclusions du rapporteur public, en premier et dernier ressort. Cette formulation n'empêche pas bien sûr un renvoi devant une formation collégiale, avec audition du rapporteur public. C'est d'ailleurs cette faculté que le tribunal administratif de Paris a souhaité exercer pour six affaires en particulier. Il lui était en effet apparu souhaitable de soumettre les questions inédites soulevées par ce contentieux à l'appréciation de plusieurs magistrats, de façon à parvenir à dégager les grands axes et principes à l'aune desquels il entend interpréter et appliquer à l'avenir ces nouvelles dispositions législatives et réglementaires. Mais c'est également le fort enjeu humain et la charge symbolique que représente ce contentieux qui met en présence des personnes particulièrement vulnérables, qui ont justifié la réunion d'une formation plus solennelle de jugement.

Les jugements rendus le 5 février 2009 sur ces six affaires ont ainsi permis au tribunal de clarifier certains points de procédure et surtout de préciser les contours et la portée de la mission impartie au juge dans ce cadre.

Des règles de procédure particulières

Délais de recours

L'article R. 778-2 du code de justice administrative prévoit, dans sa rédaction issue du décret n° 2008-1227 du 27 novembre 2008 relatif au contentieux du droit au logement opposable, que les requêtes formées dans le cadre de la loi Dalo sont présentées dans un délai de quatre mois à compter de l'expiration du délai de six mois dont le préfet dispose pour proposer une offre de logement aux personnes reconnues prioritaires. Une application stricte de cette règle devrait en principe conduire le juge à rejeter toutes les requêtes formées prématurément pour irrecevabilité.

Compte tenu de la situation d'urgence et de grande fragilité des requérants, il apparaît toutefois souhaitable d'éviter de rejeter de telles requêtes pour ce motif. Le recours à un expédient de cette nature n'aurait d'ailleurs que peu d'intérêt puisque cela contribuerait à rendre nécessaire l'ouverture d'une nouvelle instance, ce qui n'est pas neutre pour le justiciable et ce qui serait contraire à une bonne administration de la justice. Le tribunal a donc pris le parti de renvoyer les requêtes prématurées à une audience ultérieure ou de retarder leur enrôlement, de façon à ce que les requêtes se régularisent d'elles-mêmes, faisant ainsi une application classique de la jurisprudence, et notamment de l'arrêt Société anonyme Clinique les Châtaigniers du 25 avril 2003 (Lebon T. 899). Dans cette décision, le Conseil d'État a rappelé que l'irrecevabilité de conclusions dirigées contre une décision qui n'est pas encore intervenue peut être couverte en cours d'instance par l'intervention de la décision, prématurément attaquée, entre l'introduction de l'instance et le jugement du litige. Cette souplesse, consacrée en excès de pouvoir, trouve son pendant en plein contentieux et est parfaitement transposable dans le cadre des recours Dalo. À noter qu'il résulte également de cette jurisprudence que le juge, saisi prématurément d'une requête, ne peut faire usage du pouvoir qu'il tient de l'article R. 222-1 du code de justice administrative, de la rejeter par ordonnance pour « irrecevabilité manifeste non susceptible d'être couverte en cours d'instance ».

Modalités d'intervention des associations de défense des mal-logés

Dans trois affaires, les requêtes étaient présentées conjointement par la personne reconnue prioritaire et par l'association Droit au logement (TA, Paris, 5 févr. 2009, Mme Fofana, n° 0818923, M. Rougier, n° 0818813 et M. Mane, n° 0818905).

L'article L. 441-2-3-1 du CCH a en effet permis que le demandeur puisse être assisté par une association dont l'un des objets est l'insertion ou le logement des personnes défavorisées ou une association de défense des personnes en situation d'exclusion et agréée par le représentant de l'État dans le département. Introduite dans la loi par des amendements parlementaires, cette disposition vise à s'assurer que les demandeurs qui saisissent le juge administratif, souvent fragilisés par la situation à laquelle ils sont confrontés, soient accompagnés dans leurs démarches par une association à même de les aider à faire valoir leur droit au logement.

Si ces dispositions ont ainsi ouvert la possibilité pour des associations de venir au soutien d'un demandeur, ces dernières ne sont pas pour autant recevables à introduire elles-mêmes la requête, car elles ne présentent pas un intérêt à agir suffisant. Il est de jurisprudence constante que les associations ne peuvent attaquer une mesure négative individuelle insusceptible de léser l'intérêt collectif représenté par le groupement, pour la raison qu'elle lèse seulement l'intérêt propre du destinataire (CE, 8 juill. 1998, Mme Burais et autres, Lebon T., 1078, 1079).

Ces associations n'ont pas non plus vocation à représenter le demandeur : tous les amendements qui avaient été déposés en ce sens par les parlementaires lors des travaux préparatoires à la loi Dalo, ont été rejetés.

De la même façon, de telles associations ne peuvent produire un mémoire en qualité d'intervenant, sur le fondement de l'article L. 632-1 du code de justice administrative. En effet, si leur intervention est recevable à l'appui des recours pour excès de pouvoir introduits contre les décisions de la commission de médiation, dès lors qu'elles peuvent justifier d'un simple « intérêt à intervenir », il n'en va pas de même dans le cadre du recours de plein contentieux de l'article L. 441-2-3-1 du CCH. Le principe est qu'en plein contentieux, l'intervention n'est recevable que si son auteur se prévaut d'un droit auquel la décision à rendre est susceptible de préjudicier (CE sect., 15 juill. 1957, Ville de Royan, Lebon, 499). Or, en l'espèce, une association ne peut se prévaloir d'aucun droit, puisque le droit au logement opposable n'est reconnu, selon les termes de l'article L. 300-1 du CCH, qu'à des individus déterminés.

Finalement, ces associations doivent se borner à aider le demandeur dans la rédaction de sa requête (sous réserve que celui-ci y appose bien sa signature) et à l'assister lors de l'audience. L'article R. 778-7 du code de justice administrative a, à cet égard, expressément prévu qu'à la demande du requérant, un représentant d'une association peut être entendu lors de l'audience. Une condition préalable est toutefois posée : l'association devra justifier avoir obtenu l'agrément du préfet du département.

Missions et pouvoirs du juge administratif

La mission du juge est définie à l'article L. 441-2-3-1 du code de la construction et de l'habitation aux termes duquel : « Le président du tribunal administratif ou le magistrat qu'il désigne, lorsqu'il constate que la demande a été reconnue comme prioritaire par la commission de médiation et doit être satisfaite d'urgence et que n'a pas été offert au demandeur un logement tenant compte de ses besoins et de ses capacités, ordonne le logement ou le relogement de celui-ci par l'État et peut assortir son injonction d'une astreinte. ».

Les pouvoirs du juge sont ainsi clairement énoncés par la loi : il peut ordonner le logement ou le relogement du demandeur, éventuellement sous astreinte. Avant d'user de ses pouvoirs d'injonction et d'astreinte, le juge doit procéder à un certain nombre de constatations.

Les constatations opérées par le juge

Le juge doit constater que le demandeur a été reconnu prioritaire par la commission de médiation, que sa demande est toujours urgente et qu'aucune offre de logement correspondant à ses besoins et à ses capacités ne lui a été proposée.

Le juge doit donc en premier lieu vérifier que la demande du requérant a été reconnue comme prioritaire par la commission de médiation. Il n'a pas, alors, de marge de manœuvre et ne peut donc remettre en cause ce caractère prioritaire. La rédaction retenue par l'article L. 441-2-3-1 du code de la construction et de l'habitation, qui résulte d'un amendement parlementaire et qui délimite ainsi de façon précise le champ de l'appréciation du juge, résulte de la volonté expresse du législateur d'éviter d'alourdir et de ralentir la procédure, qui a vocation à rester rapide.

C'est ce raisonnement qui a conduit le tribunal à refuser de procéder au contrôle, au stade du recours juridictionnel, de la condition de régularité du séjour des étrangers reconnus prioritaires et qui demandent à bénéficier des dispositions de la loi Dalo. Dans l'une des affaires (TA Paris, 5 févr. 2009, Mme Ballone, n° 0819389, solution implicite), le tribunal avait en effet, au vu des pièces du dossier, nourri quelques doutes quant au droit au séjour d'une famille de nationalité roumaine (l'irrégularité du séjour n'était toutefois pas formellement établie). Or, en vertu des articles L. 300-1 et L. 441-2-3 du CCH, la régularité du séjour sur le territoire constitue l'une des conditions que doit remplir le pétitionnaire pour se voir reconnaître prioritaire. Le décret n° 2008-908 du 8 septembre 2008 relatif aux conditions de permanence de la résidence pris pour l'application de ces dispositions prévoit plus précisément que celle-ci doit s'apprécier au regard des règles posées par le code de l'entrée et du séjour des étrangers et du droit d'asile.

S'en tenant aux termes mêmes de la loi qui a restreint le rôle du juge à une simple mission de constatation du caractère prioritaire de la demande, le tribunal a considéré que l'examen de la régularité du séjour devait s'effectuer au stade du recours amiable devant la commission de médiation.

La rédaction restrictive de l'article L. 441-2-3-1 du code de la construction et de l'habitation, telle qu'éclairée par les travaux préparatoires, vise à permettre au juge de statuer dans de brefs délais, l'article L. 441-2-3-1 prévoyant que le président du tribunal administratif ou le magistrat qu'il désigne doit statuer dans les deux mois à compter de sa saisine. Compte tenu de l'urgence dans laquelle s'inscrit son office, il n'est pas apparu possible de lui demander de vérifier point par point ce qui a été décidé par une autre instance et de devoir précipitamment réapprécier le caractère prioritaire de la demande. À ce stade, le juge doit alors être regardé comme agissant en juge de l'exécution de la décision de la commission de médiation qui a reconnu un droit à une personne et non en juge de sa légalité.

La rédaction de l'article L. 441-2-3-1 vise également à assurer la sécurité juridique des demandeurs reconnus prioritaires. À cet égard, l'amendement dont elle est issue, se conclut, de façon significative, par la phrase suivante : « Cette délimitation de l'appréciation du juge sera favorable au requérant, qui ne pourra voir sa demande reconnue prioritaire par la commission de médiation contestée par le juge ». Apparaît ici l'idée selon laquelle la décision par laquelle la commission de médiation reconnaît une personne prioritaire, est une décision créatrice de droits qui, dès lors qu'elle est devenue définitive, ne devrait plus pouvoir être remise en cause d'office par le juge. Rien n'interdit en revanche au préfet de Paris, s'il s'y croit fondé, de contester cette décision, ou à la commission de la retirer, dans les conditions définies par la jurisprudence.

Si le juge doit ainsi se borner à constater que la demande a été reconnue prioritaire par la commission de médiation, il doit néanmoins apprécier le maintien du caractère urgent de la demande, mais également dans quelle mesure il n'a pas été offert au demandeur « un logement tenant compte de ses besoins et de ses capacités ».

S'agissant de la condition de l'urgence, le tribunal a pu constater dans les cas d'espèce que celle-ci était toujours remplie, la situation des six requérants n'ayant pas évolué depuis l'intervention de la décision de la commission de médiation. L'appréciation de cette condition pourrait à l'inverse, dans certains cas, conduire le juge à rejeter les prétentions des requérants, dans l'hypothèse où des changements dans les circonstances de fait ou de droit seraient intervenus entre la décision de la commission de médiation et la date du jugement (par exemple : non-renouvellement ou retrait du titre de séjour, décès d'une personne, modification de la situation familiale, etc.).

Deux affaires ont, quant à elles, offert l'opportunité au juge de préciser la troisième condition relative à l'existence d'une « offre de logement tenant compte des besoins et capacités » du demandeur (M. Mane et Mme Fofana, préc.).

Dans la première affaire, le requérant vivait dans un studio de 27 m^2 avec son épouse et ses trois enfants mineurs et avait été, pour cette raison, reconnu prioritaire. Le préfet de Paris indiquait toutefois en défense qu'une proposition de logement lui avait été faite pour un logement situé dans le XIXe arrondissement, mais que le requérant l'avait refusée, au motif que le séjour était trop petit pour cinq personnes surtout avec des enfants mineurs. Sur les conseils avisés de son avocat, l'intéressé s'est, par la suite, désisté de sa requête.

S'il ne l'avait pas fait, le tribunal aurait sans aucun doute rejeté sa requête. En effet, le loyer demandé correspondait aux capacités financières du requérant et les caractéristiques du logement, à ses besoins. Bien que le logement proposé fût un F4 de 62 m^2, alors que l'intéressé avait demandé un cinq pièces, il n'était pas illégitime pour le préfet de Paris de proposer un logement de quatre pièces, compte tenu du bas âge des enfants (deux filles nées en 2001 et 2003 et un garçon né en 2006), dès lors qu'il était parfaitement concevable que les deux petites filles dorment dans la même chambre. Il en irait différemment s'il existait une différence de sexe et surtout un écart d'âge important entre les enfants.

Le requérant ne pouvait pas non plus se plaindre de la petite taille du salon. En effet, seule importait la superficie totale du logement. Or celle-ci était largement supérieure aux seuils très sévères (mais qui ont le mérite d'être objectifs) posés par l'article D. 542-14 du code de la sécurité sociale et auxquels la loi Dalo fait référence pour apprécier la suroccupation d'un logement.

En résumé, force est malheureusement de constater que les demandeurs de logements sociaux, comparés aux locataires ordinaires, ne disposent que d'une marge d'appréciation restreinte, si ce n'est quasi inexistante, quant au choix de leur logement et qu'ils doivent se contenter de ce qui leur est proposé, sous peine de perdre le bénéfice de leur droit de demander au juge à être logés d'urgence et de déposer une nouvelle demande devant la commission de médiation. L'article R. 441-14-1 du code de la construction et de l'habitation dispose en effet que ne peuvent être désignées par la commission comme prioritaires et devant être logées d'urgence que les personnes de bonne foi. Dans un jugement du 29 janvier 2009, Mme Ndiaye (n° 0808980), le tribunal administratif de Paris en a déduit que la décision par laquelle la commission de médiation de Paris a refusé de reconnaître prioritaire une personne n'est pas entachée d'erreur d'appréciation, dès lors que la mauvaise foi de la pétitionnaire était établie par le refus que celle-ci avait opposé, cinq mois avant la décision de la commission, à une proposition de logement qui correspondait pourtant à ses capacités et ses besoins. La pénurie de logements actuelle est telle et le nombre de personnes en attente d'un logement social et de personnes reconnues prioritaires si important que la loi Dalo impose une telle sévérité.

Plus généralement on peut donc penser que les refus de logement tenant à l'agencement de l'appartement et/ou à des critères esthétiques risquent a priori de jouer en défaveur des demandeurs. Seuls pourront être pris en compte des motifs plus raisonnables ou « légitimes », tels que l'existence de travaux que le bailleur refuserait de prendre en charge ou qui ne pourraient faire l'objet d'une réduction de loyer, ou encore l'absence d'ascenseur pour une personne handicapée. À noter que le projet de loi de mobilisation pour le logement et la lutte contre l'exclusion, adopté par le Parlement le 19 février, prévoit de rendre possible la gestion interdépartementale du relogement des bénéficiaires Dalo dans le parc social. Dans le cadre de cette régionalisation, le juge devrait donc, selon toute vraisemblance, être amené à apprécier la validité d'une offre de logement au regard de critères géographiques.

La seconde affaire était un peu plus délicate. Jusqu'à présent, lorsqu'une offre de logement était proposée par un bailleur social, le préfet de police présentait à ce dernier, en retour, une liste de trois noms de candidats classés par ordre de priorité. Le tribunal a jugé que cette seule circonstance ne permettait pas de considérer que les demandeurs avaient reçu une offre de logement, surtout s'ils n'avaient pas été placés au premier rang de la liste (TA Paris, 5 févr. 2009, Mme Fadaili, n° 0818996). Au cas présent, le préfet de police avait modifié sa stratégie et n'avait présenté au bailleur social que le nom de la requérante pour l'attribution du logement proposé. Même si les caractéristiques du logement semblaient correspondre aux besoins et aux capacités de l'intéressée, le tribunal a toutefois refusé de prononcer un non-lieu à statuer. Il a estimé que : « Cette seule proposition, alors même qu'elle atteste des diligences effectuées par le préfet pour assurer le logement de l'intéressée, ne peut, en l'absence de l'intervention d'un accord effectif de l'organisme, s'analyser comme constituant une offre de logement au sens des dispositions de l'article L. 441-2-3-1 du code de la construction et de l'habitation ». À ce stade, en effet, la requérante n'avait pas encore été mise à même de visiter le logement et sa candidature n'avait pas été validée par le bailleur social et la commission d'attribution. Estimant qu'il existait, dans ces circonstances, encore trop d'incertitudes quant à l'issue favorable de cette affaire, le tribunal a donc préféré accueillir la demande de la requérante. Il devrait en aller de même dans l'hypothèse où le préfet présenterait une liste de trois noms où le demandeur figurerait en tête.

Dans les autres affaires, les requérants n'avaient reçu aucune offre de logement tenant compte de leurs besoins et de leurs capacités depuis plus de six mois.

Faculté ou obligation d'enjoindre le logement ? Avec ou sans astreinte ?

Ces constatations faites, le juge doit-il pour autant ordonner à l'État de reloger les personnes reconnues prioritaires ? En d'autres termes, s'il constate le bien-fondé de la demande, le juge doit-il automatiquement ordonner à l'autorité responsable le logement ou le relogement du demandeur, ou bien, doit-il au préalable s'assurer du point de savoir s'il existe des possibilités effectives de relogement.

Le tribunal a écarté cette seconde position qui l'aurait conduit à l'évidence à constater que la situation du logement social à Paris ne permettait pas au préfet de Paris de proposer un logement aux requérants.

Il ressortait en effet du mémoire en défense du préfet de Paris que son contingent préfectoral, c'est-à-dire les droits à réservation dont il dispose sur les logements sociaux, sont limités à 25 % des logements conventionnés disponibles de chaque bailleur social. Ce faible pourcentage se double d'un taux de rotation des logements très faible, de l'ordre de 3,44 %. Au total, le nombre de logements mis à disposition à Paris au titre de ce contingent était de seulement 1 111 en 2007, le nombre de relogements effectifs étant de 1 038. Ces chiffres sont à mettre en parallèle avec le nombre de personnes reconnues prioritaires par la commission de médiation de Paris. Celui-ci s'élevait au 19 décembre 2008 à 6 132. De plus, il convient de rappeler que d'autres obligations pèsent déjà sur le contingent préfectoral en matière d'insalubrité et de suroccupation, d'occupation illicite du domaine public et de suivi des personnes en situation de sortie de structures d'hébergement.

Toutes ces considérations, dont le préfet pourrait éventuellement se prévaloir dans le cadre d'un recours indemnitaire, ont été regardées par le tribunal comme étant sans incidence sur l'injonction qu'il lui appartient d'adresser au préfet de Paris en vue d'assurer le logement des requérants. Il a ainsi jugé que les dispositions de l'article L. 441-2-3-1 du code de la construction et de l'habitation, « éclairées par les travaux parlementaires qui ont précédé leur adoption, fixent une obligation de résultat pour l'État, désigné comme garant du droit au logement opposable reconnu par le législateur ; qu'ainsi, la circonstance que le préfet de Paris déclare avoir pris toutes les mesures qu'il lui était possible de prendre, compte tenu du faible contingent de logements dont il dispose et des autres priorités qui s'imposent à lui en matière de logement social, et que l'absence de proposition de logement serait donc la conséquence d'une impossibilité et non d'une carence de l'administration, ne saurait dispenser le juge de l'obligation d'injonction qui lui est faite par ces mêmes dispositions, dès lors qu'il constate que la demande a été reconnue comme prioritaire par la commission de médiation, qu'elle doit être satisfaite d'urgence et que n'a pas été offert au demandeur un logement tenant compte de ses besoins et de ses capacités ».

Il ressort en effet clairement des débats parlementaires et surtout du texte même de la loi, que le législateur a refusé de voir dans l'obligation de l'État d'offrir un logement aux personnes reconnues prioritaires, une simple obligation de « diligence » ou de moyens compte tenu des possibilités concrètes, mais a entendu au contraire mettre à sa charge une véritable obligation de résultat. Tel qu'il est conçu, le recours juridictionnel de la loi Dalo a pour objet de sanctionner l'inaction, mais aussi l'impuissance de l'État. Les termes de la loi sont clairs à cet égard : dès lors que le juge constate que les conditions sont remplies, il ordonne le relogement. Il s'agit ainsi non seulement de remédier à la carence de celui-ci (par exemple, dans le cas de départements où les préfets ne contrôleraient pas suffisamment la gestion de leur contingent préfectoral), mais également de sanctionner et de stigmatiser les situations où l'action de l'État est en tout état de cause impossible.

Il n'est néanmoins pas question ici de masquer le caractère artificiel et vain d'une telle injonction qui tend, dans le contexte actuel de pénurie de logements, à ordonner à l'État de reloger des personnes dans des logements virtuels... Comme le notait le député Roland Muzeau, « avec la procédure complexe qui sera mise en place, une famille hébergée se verra confirmer la situation dans laquelle elle se trouve déjà. En clair, les gens seront invités à faire un tour de piste pour finalement se retrouver au point de départ de la procédure ! ». Il n'est cependant pas déraisonnable de penser, et c'est d'ailleurs ainsi qu'il a été conçu, que ce recours puisse progressivement agir comme un véritable aiguillon permettant de stimuler l'action des pouvoirs publics en matière de logement. Aiguillon dont la force pourrait d'ailleurs être renforcée par le prononcé d'une astreinte.

En effet, l'injonction prononcée, restaient encore deux questions en suspens : fallait-il assortir cette injonction d'une astreinte ? Quel devait être le délai imparti au préfet pour agir ?

L'article L. 441-2-3-1 du CCH dispose expressément que le juge peut assortir son injonction d'une astreinte.

Cette astreinte doit être distinguée de celle prévue à l'article L. 911-3 du code de justice administrative. Contrairement à l'astreinte de droit commun, le juge n'a pas à être saisi de conclusions en ce sens. Surtout, la loi Dalo a prévu que le produit de l'astreinte est affecté au fonds institué en application de l'article L. 302-7 dans la région où est située la commission de médiation saisie par le demandeur (à Paris, il s'agit du fonds d'aménagement urbain de la région d'Ile-de-France qui a été institué par la loi n° 2000-1208 du 13 décembre 2000 relative à la solidarité et au renouvellement urbains). Ce fonds a vocation à aider financièrement les communes éligibles et les établissements publics de coopération intercommunale pour des actions foncières et immobilières en faveur du logement social. Le requérant ne peut donc en demander le versement à son profit.

Le tribunal en a déduit que : « En fixant un régime d'astreinte spécifique à la procédure de mise en œuvre du droit au logement opposable voulue par le législateur », les dispositions de l'article L. 441-2-3-1 du CCH, « ont nécessairement exclu que le juge puisse prononcer une astreinte sur le fondement des dispositions générales des articles L. 911-1 et L. 911-3 du code de justice administrative ». Les conclusions présentées en ce sens par les requérants ont par suite été rejetées comme irrecevables.

Il résulte par ailleurs des dispositions de l'article L. 441-2-3-1 du CCH que le prononcé d'une astreinte relève entièrement du pouvoir souverain du juge, auquel la loi Dalo n'a pas entendu porter atteinte. Plusieurs parlementaires avaient pourtant déposé des amendements tendant à rendre systématiques les astreintes dans le cas où le tribunal administratif ordonnerait le relogement ou le logement d'un ménage reconnu prioritaire pour l'accès au logement. Ils souhaitaient ainsi contraindre financièrement l'État à donner une suite au jugement de façon à ce que celui-ci soit incité à apporter un traitement rapide à la situation de mal-logement qui lui aura valu d'être condamné. Ces amendements ont cependant été rejetés au nom de la libre appréciation du juge en matière d'astreinte.

Conformément aux préconisations de son commissaire du gouvernement, le tribunal a toutefois décidé de réintroduire une telle automaticité, considérant que seul le prononcé d'une astreinte permettrait de donner à la loi toute sa portée. Ainsi, à chaque fois qu'il a ordonné le relogement des requérants, il a assorti cette injonction d'une astreinte. Ce n'est que dans l'hypothèse où le préfet de Paris avait démontré qu'il avait fait preuve de diligences pour assurer le logement de la personne mais que la procédure était encore en cours, que le tribunal a renoncé à le faire (Mme Fofana, préc.).

Il est vrai qu'en obligeant l'État à se verser à lui-même le montant de l'amende, le caractère coercitif de l'astreinte devient tout aussi problématique que le caractère exécutoire de l'ordre de relogement. C'est la raison pour laquelle l'astreinte doit avant tout être conçue comme un moyen d'allouer au fonds d'aménagement urbain des moyens lui permettant de financer des opérations de construction de logements sociaux. Il s'agit bien ici de forcer l'État, puisqu'il se refuse à le faire lui-même, à alimenter financièrement cet organisme.

Le tribunal a, en l'espèce, fixé l'astreinte à 100 € par jour de retard. À l'heure où nous écrivons ces lignes, le projet de loi de mobilisation pour le logement et la lutte contre l'exclusion, qui a été adopté par les sénateurs puis par les députés le 19 février 2009, a prévu à son article 24 bis que : « Le montant de cette astreinte est déterminé en fonction du loyer moyen du type de logement considéré comme adapté aux besoins du demandeur par la commission de médiation ». Si le Conseil constitutionnel valide cet article, le montant de l'astreinte prononcé par le tribunal devrait donc à l'avenir être ramené à des niveaux plus faibles (certainement de l'ordre de 10 à 30 € par jour).

S'agissant de la détermination du délai imparti au préfet pour agir, deux critères distincts ont été envisagés par le tribunal pour le fixer. Le premier était lié aux contraintes générales qui pèsent sur le préfet et devait permettre de prendre en considération les justifications de l'administration que le tribunal avait écartées comme inopérantes au stade de l'injonction. Le second portait sur la situation du demandeur, dont l'appréciation devait conduire à retenir un délai plus court pour les personnes que le juge estimerait, en fonction de sa conviction dans chaque cas d'espèce, devoir faire l'objet d'une « ultra-priorité ».

Il n'a toutefois pas semblé souhaitable de retenir ce second critère, qui, outre son caractère subjectif (puisque dépendant de l'appréciation d'un juge), revenait à introduire de nouveau une hiérarchisation entre des personnes qui ont pourtant déjà toutes été reconnues prioritaires.

En revanche, le premier critère a été pris en compte dans une certaine mesure, de façon à réintroduire un peu de pragmatisme et de réalisme, sans pour autant faire perdre à l'injonction son caractère incitatif. Le commissaire du gouvernement avait proposé un délai de trois mois, ou tout au plus de six mois. Le tribunal a finalement enjoint au préfet de Paris, d'assurer le logement des demandeurs, sous astreinte de 100 € par jour de retard passé un délai de deux mois à compter de la notification du jugement.

En résumé, si le tribunal était bien évidemment conscient des limites de son office compte tenu du contexte parisien de pénurie de logements, il a entendu donner à la loi, autant que faire se peut, toute son effectivité, en se prononçant en faveur du caractère quasi automatique de l'injonction et de l'astreinte.

S'il est permis de sérieusement s'interroger sur l'efficacité d'une loi qui demande au juge d'enjoindre à l'État de reloger des personnes alors que cela est, pour l'heure et dans certaines régions, matériellement impossible, et de réallouer à sa place l'argent public, cette perplexité ne doit pas néanmoins conduire à sous-estimer les avancées qu'elle a permis d'accomplir. Ainsi, le prononcé d'une astreinte doit d'abord permettre d'alimenter un fonds destiné à la construction de logements sociaux. La menace de la sanction doit ensuite conduire les services de l'État à se réapproprier et à mieux gérer le contingent préfectoral. Surtout, et c'est là l'essentiel, la loi Dalo a permis d'identifier précisément les personnes qui, plus que toutes autres, nécessitent que leur soit apportée une réponse en urgence. De façon positive, les affaires soumises au tribunal lui ont permis, en pratique, de constater les efforts et l'implication de l'administration pour tenter d'assurer l'effectivité de la loi.

Injonction de loger un requérant

(TA Paris, 5 févr. 2009, M. Rougier, n° 0818813)

Sur la demande d'injonction :

Considérant qu'aux termes des dispositions de l'article L. 441-2-3-1 du code de la construction et de l'habitation issu de la loi n° 2007-290 du 5 mars 2007 relative au droit au logement opposable : « I.-Le demandeur qui a été reconnu par la commission de médiation comme prioritaire et comme devant être logé d'urgence et qui n'a pas reçu, dans un délai fixé par décret, une offre de logement tenant compte de ses besoins et de ses capacités peut introduire un recours devant la juridiction administrative tendant à ce que soit ordonné son logement ou son relogement. Le demandeur peut être assisté par une association dont l'un des objets est l'insertion ou le logement des personnes défavorisées ou une association de défense des personnes en situation d'exclusion et agréée par le représentant de l'État dans le département. [...] Le président du tribunal administratif ou le magistrat qu'il désigne, lorsqu'il constate que la demande a été reconnue comme prioritaire par la commission de médiation et doit être satisfaite d'urgence et que n'a pas été offert au demandeur un logement tenant compte de ses besoins et de ses capacités, ordonne le logement ou le relogement de celui-ci par l'État et peut assortir son injonction d'une astreinte. Le produit de l'astreinte est versé au fonds institué en application du dernier alinéa de l'article L. 302-7 dans la région où est située la commission de médiation saisie par le demandeur. » ;

Considérant que ces dispositions, éclairées par les travaux parlementaires qui ont précédé leur adoption, fixent une obligation de résultat pour l'État, désigné comme garant du droit au logement opposable reconnu par le législateur ; qu'ainsi, la circonstance que le préfet de Paris déclare avoir pris toutes les mesures qu'il lui était possible de prendre, compte tenu du faible contingent de logements dont il dispose et des autres priorités qui s'imposent à lui en matière de logement social, et que l'absence de proposition de logement serait donc la conséquence d'une impossibilité et non d'une carence de l'administration, ne saurait dispenser le juge de l'obligation d'injonction qui lui est faite par ces mêmes dispositions, dès lors qu'il constate que la demande a été reconnue comme prioritaire par la commission de médiation, qu'elle doit être satisfaite d'urgence et que n'a pas été offert au demandeur un logement tenant compte de ses besoins et de ses capacités ;

Considérant que, par décision en date du 26 mars 2008, la commission de médiation de Paris a désigné M. Rougier comme prioritaire et devant être logé d'urgence dans le cadre de la loi n° 2007-290 du 5 mars 2007 relative au droit au logement opposable, au motif qu'il est dépourvu de logement ;

Considérant qu'il résulte de l'instruction que M. Rougier vit depuis 2006 avec son épouse et leurs deux enfants majeurs dans un logement pour lequel il a fait l'objet d'un jugement d'expulsion, le 24 avril 2007, qui, confirmé en appel le 16 octobre 2008, est susceptible d'être exécuté à l'issue de la période hivernale, fixée au 15 mars 2009 par les dispositions de l'article L. 613-3 du code de la construction et de l'habitation ; que, par suite, et alors que le préfet ne justifie pas, ni même n'allègue que le bailleur aurait décidé de différer l'exécution de cette procédure d'expulsion, la demande de M. Rougier doit être satisfaite d'urgence ; qu'il n'a reçu aucune offre de logement tenant compte de ses besoins et de ses capacités ; que, dans ces conditions, il y a lieu, en application de l'article L. 441-2-3-1, d'enjoindre au préfet de la région Ile-de-France, préfet de Paris, d'assurer le relogement de M. Rougier et de sa famille ;

Sur l'astreinte :

Considérant que les dispositions précitées, en fixant un régime d'astreinte spécifique à la procédure de mise en œuvre du droit au logement opposable voulue par le législateur, ont nécessairement exclu que le juge puisse prononcer une astreinte sur le fondement des dispositions générales des articles L. 911-1 et L. 911-3 du code de justice administrative ; que, par suite, les conclusions présentées par les requérantes au titre de ces dispositions sont irrecevables ;

Considérant qu'il y a lieu, dans les circonstances de l'espèce, d'assortir cette injonction d'une astreinte, destinée au fonds d'aménagement urbain institué en application de l'article L. 302-7 du code de la construction et de l'habitation, de 100 € par jour de retard passé un délai de deux mois à compter de la notification du présent jugement ;

Sur la demande d'application de l'article L. 761-1 du code de justice administrative :

Considérant qu'il y a lieu, en application de l'article L. 761-1 du code de justice administrative, de mettre à la charge de l'État la somme de 600 € au titre des frais exposés par M. Rougier et non compris dans les dépens ;

Décide :

Article 1er : Il est enjoint au préfet de la région Ile-de-France, préfet de Paris, d'assurer le relogement de M. Rougier et de sa famille, sous une astreinte destinée au fonds d'aménagement urbain institué en application de l'article L. 302-7 du code de la construction et de l'habitation, de 100 € par jour de retard passé un délai de deux mois à compter de la notification du présent jugement.

Document n° 3 : Commentaires suite à une décision du tribunal administratif de Paris le 20 mai 2008, Revue *Loyers et copropriété*, juillet-août 2008

Loyers et Copropriété n° 7, juillet 2008, comm. 159.

Recours en excès de pouvoir contre un avis rendu par une commission de médiation.

Commentaire par Christelle Coutant-Lapalus.

DROIT OPPOSABLE AU LOGEMENT.

Sommaire

Seul le demandeur d'un logement social peut exercer un recours contre un avis rendu par une commission de médiation départementale dans le cadre de la loi instituant le droit opposable au logement. Un tel recours est fondé lorsque la commission subordonne la délivrance d'un avis favorable à l'arrivée du terme d'un contrat d'hébergement.

TA Paris, 20 mai 2008, n° 08078-29/9/1.

LE TRIBUNAL - (...)

Considérant qu'aux termes de l'article L. 441-2-3-1 du Code de la construction et de l'habitation : « I. le demandeur qui a été reconnu par la commission de médiation comme prioritaire et comme devant être logé d'urgence et qui n'a pas reçu, dans un délai fixé par décret, une offre de logement tenant compte de ses besoins et de ses capacités peut introduire un recours devant la juridiction administrative tendant à ce que soit ordonné son logement ou son relogement. Le demandeur peut être assisté par une association dont l'un des objets est l'insertion ou le logement des personnes défavorisées ou une association de défense des personnes en situation d'exclusion et agréée par le représentant de l'État dans le département (...) » ;

Considérant que ces dispositions, qui ne visent au demeurant que la procédure contentieuse spéciale qu'elles instituent et qui ne peut être mise en œuvre que par les demandeurs reconnus prioritaires auxquels un logement n'est pas attribué, ont pour objet de garantir l'accès des associations agréées aux dossiers des intéressés, à l'initiative de ces derniers ; qu'elles ne leur confèrent toutefois ni la possibilité d'en obtenir un mandat pour les représenter devant le juge administratif, ni un intérêt propre leur donnant qualité pour agir ; que la demande susvisée doit être rejetée comme irrecevable en tant qu'elle émane de l'association « Droit au logement-Paris et ses environs » ;

Sur les conclusions présentées au titre de l'article L. 521-1 du Code de justice administrative :

Considérant qu'aux termes de l'article L. 521-1 du Code de justice administrative : « quand une décision administrative, même de rejet, fait l'objet d'une requête en annulation ou en réformation, le juge des référés, saisi d'une demande en ce sens, peut ordonner la suspension de l'exécution de cette décision, ou de certains de ses effets, lorsque l'urgence le justifie et qu'il est fait état d'un moyen propre à créer, en l'état de l'instruction, un doute sérieux quant à la légalité de la décision (...) » ;

Sur le doute sérieux quant à la légalité de la décision attaquée :

Considérant que Mme Fofana a formé sa demande en tant que résidente d'une structure d'hébergement depuis plus de six mois, ayant auparavant sollicité en vain l'attribution d'un logement social ; que ces circonstances ne sont pas contestées ;

Considérant qu'est de nature à faire naître un doute sérieux sur la légalité de l'avis défavorable émis sur la demande de Mme Fofana par la commission de médiation de Paris le moyen tiré de l'erreur de droit commise par cette commission qui, au lieu, comme elle le devait, de déterminer la situation de l'intéressée, appréciée au regard des autres demandes avec lesquelles elle se trouvait en concurrence, et compte tenu de la durée du séjour de Mme Fofana dans un centre d'hébergement, du terme prévu de ce séjour, dont il lui appartenait de s'informer de la possibilité de le prolonger, de la pertinence de le faire eu égard aux contraintes qu'un tel hébergement impose et qui doivent être justifiées par un processus de réinsertion sociale, s'est bornée à subordonner un avis favorable à l'attribution d'urgence d'un logement à l'arrivée à terme du contrat d'hébergement et réinsertion conclu entre Mme Fofana et le CHRS de Charonne, condition non prévue par les dispositions précitées ;

Sur l'urgence :

Considérant que le contrat de séjour dont bénéficie Mme Fofana auprès du CHRS de Charonne arrive à échéance le 9 juin 2008 ; qu'aucun autre hébergement n'a été proposé à l'intéressée, qui n'était nullement tenue d'en solliciter un ; qu'enfin, contrairement à ce que soutient l'Administration en défense, les centres d'hébergement et de réinsertion sociale ne pouvant être regardés comme des structures d'hébergement d'urgence au sens de l'article 4 de la loi du 5 mars 2007, l'obligation de maintien édictée par ces dispositions ne pourrait être utilement invoquée par Mme Fofana ;

Considérant que la situation de l'intéressée et de ses deux enfants est constitutive d'une urgence ; qu'aucun intérêt public ne s'oppose à ce que cette urgence soit retenue ;

Considérant qu'il résulte de ce qui précède qu'il y a lieu de prononcer la suspension provisoire de la décision constituée par l'avis défavorable émis lors de sa réunion du 28 février 2008, par la commission de médiation de Paris, sur la demande de Mme Fofana, au plus tard jusqu'à ce qu'il ait été statué au fond sur la requête n° 0807606, ou jusqu'à ce qu'il ait été satisfait à l'injonction ci-après ; (...)

Note :

Afin que le droit au logement ne soit plus seulement un objectif à valeur constitutionnelle, mais devienne un droit effectif, la loi n° 2007-290 du 5 mars 2007 a institué le droit opposable au logement (V. Loyers et copr., 2007, alerte 15). Désormais, une procédure spécifique permet aux demandeurs de logements sociaux d'engager, à défaut de proposition en adéquation avec leur demande, leurs besoins et leurs capacités, la responsabilité de l'État français. Dans un premier temps, cette procédure est amiable. Ouverte depuis le 1er janvier 2008 aux demandeurs de logements sociaux et aux demandeurs d'accueil en structures d'hébergement ou de logements adaptés, la procédure amiable se déroule devant une commission de médiation départementale. Dans un second temps, cette procédure revêtira un caractère contentieux. Pourront saisir les juridictions administratives, à compter du 1er décembre 2008, les demandeurs pouvant saisir la commission de médiation sans délai, et, à compter du 1er janvier 2012, tous les demandeurs reconnus éligibles au droit au logement par la commission de médiation qui n'auront pas reçu de proposition de logement ou d'hébergement dans un délai anormalement long.

Depuis mars 2005, Mme F. sollicitait un logement social pour elle-même et ses deux enfants en bas âge. Ses demandes ayant été rejetées, elle a séjourné dans un hôtel dont les frais étaient pris en charge, en partie, par les services de l'aide sociale à l'enfance, puis, a été accueillie, pour une durée de 2 ans dans un centre d'hébergement et de réinsertion sociale (CHRS). Quelques mois avant le terme de son contrat d'hébergement, le CHRS l'a informée de son intention de ne pas prolonger celui-ci, au motif que l'accompagnement social dont elle a bénéficié lui permet d'accéder à un logement autonome. Mme F. 89866 la commission de médiation de Paris, le 4 juin 2008 afin que sa demande de logement social soit reconnue prioritaire pour l'attribution d'urgence d'un logement. La commission rejette cette demande et subordonne la délivrance d'un avis favorable à l'arrivée à terme du contrat d'hébergement Mme F. et l'association Droit au Logement saisissent alors le tribunal administratif de Paris qui suspend le refus de la commission de médiation et ordonne le réexamen de la demande par cette même commission dans un délai d'un mois.

L'ordonnance rendue le 20 mai 2008 par le juge des référés du tribunal administratif de Paris apporte plusieurs précisions particulièrement intéressantes relatives, d'une part, à la procédure de contestation des décisions rendues par les commissions de médiation et, d'autre part, aux motivations d'un avis défavorable.

La procédure amiable qui se déroule devant les commissions de médiation, créées par la loi n° 98-657 du 29 juillet 1998 d'orientation relative à la lutte contre les exclusions, a été profondément modifiée par la loi du 5 mars 2007. De nouveaux cas de saisine ont été créés, la composition des commissions modifiée et surtout ces organes simplement consultatifs sont devenus de véritables autorités administratives dont les décisions sont créatrices de droit (V. en ce sens, Circ. n° 2007-33, 4 mai 2007 : Loyers et copr,. 2007, alerte 3). En effet, désormais, les avis rendus par les commissions de médiation dans le cadre de l'application des dispositions relatives au droit opposable au logement peuvent être qualifiées de décisions. Comme l'affirme le tribunal administratif de Paris, la décision de refus de la commission de médiation prive le demandeur « des bénéfices attachés à la reconnaissance d'un caractère prioritaire de l'attribution d'urgence d'un logement ». Elle fait donc grief et est, ainsi, susceptible d'un recours devant les tribunaux administratifs dans les conditions du droit commun du contentieux administratif, en particulier, d'un recours en excès de pouvoir. Cependant, il convient de préciser que la juridiction administrative peut seulement prononcer l'annulation de la décision rendue par la commission de médiation et l'obliger, comme en l'espèce, a la réexaminer, mais elle ne peut requalifier la demande en demande prioritaire.

Parallèlement, le tribunal administratif de Paris rejette le recours de l'association Droit au Logement au motif que les dispositions issues de la loi du 5 mars 2007 ne confèrent aux associations œuvrant pour l'insertion, le logement des personnes défavorisées ou la défense des personnes en situation d'exclusion, agréées par le préfet, que la garantie d'accéder au dossier des demandeurs, mais en aucun cas la possibilité d'obtenir un mandat pour représenter les demandeurs devant le tribunal administratif, ni un intérêt propre leur donnant qualité pour agir. La loi instituant le droit opposable au logement prévoit en effet que le demandeur peut se faire assister par une telle association lors de sa demande devant la commission de médiation (CCH, art. L. 441-2-3) et lors d'un recours devant les tribunaux administratifs lorsque le demandeur reconnu éligible au droit au logement n'a pas obtenu de logement (CCH, art. L. 441-2-3-1). En revanche, rien n'est prévu pour les actions exercées contre les décisions de refus des commissions de médiation. Le tribunal administratif de Paris considère, que dans une telle hypothèse, l'assistance des associations agrées est possible, mais qu'elle ne s'étend pas à la possibilité d'exercer un recours contre la décision rendue par la commission de médiation. Une telle solution s'applique également lors de l'exercice de recours contentieux.

Les conditions de recevabilité de la demande de Mme F. devant la commission de médiation départementale afin d'obtenir un logement social n'étaient pas contestables (CCH, art. L. 441-2-3 II). Cette dernière satisfait aux conditions réglementaires d'accès à un logement social et est hébergée temporairement dans un établissement, en l'espèce un CHRS. En revanche, la qualification de sa demande en demande prioritaire afin d'obtenir l'attribution d'urgence d'un logement soulève une interrogation : la possibilité d'être encore hébergée dans un établissement peut-elle fonder un refus de qualifier la demande d'urgente ? C'est une réponse négative que le juge des référés a apportée. Il précise que la commission de médiation aurait dû se déterminer en fonction des autres demandes présentées, de la durée du séjour dans un centre d'hébergement et du terme du contrat d'hébergement; elle ne peut subordonner à la délivrance d'un avis favorable l'arrivée du terme du contrat d'hébergement sans ajouter une condition non prévue par la loi et conduire à l'existence d'un doute sérieux quant à la légalité de ce refus. De plus, la situation de Mme F. et ses enfants est constitutive d'une urgence car les CHRS ne peuvent être qualifiés de structures d'hébergement d'urgence, et, par conséquent, l'article 4 de la loi du 5 mars 2007 qui reconnaît le droit à toute personne accueillie dans une telle structure de pouvoir y demeurer tant qu'aucune orientation ne lui a été proposée ne peut être invoqué par Mme F.

Que peut-on espérer d'un nouvel examen de la demande par la commission de médiation ? Non seulement une motivation plus précise et plus complète que le seul argument de la poursuite du contrat de séjour, mais aussi très certainement une requalification de la demande de Mme F. en demande prioritaire et urgente car le contrat de séjour, dont le terme était fixé au 9 juin, aura cessé au jour où cette commission va de nouveau statuer. Le Préfet devra alors lui proposer un logement social et à défaut d'une telle proposition, Mme F. pourra assigner, dès le 1er décembre 2008, l'État français devant le tribunal administratif. Mais lorsque l'on sait qu'à Paris, plus de 17 000 dossiers de demande d'un logement prioritaire ont été retirés entre le 1er janvier 2008 et fin février de la même année (V. Mémoire en défense présenté par le Préfet de Région Île-de-France), on peut s'interroger sur l'effectivité du droit opposable au logement et sur les possibilités réelles pour Mme F. d'obtenir un logement social.

Document n° 4 : Extraits de la loi n° 2007 - 290 du 5 mars 2007 instituant le droit au logement opposable et portant diverses mesures en faveur de la cohésion sociale

Code de la construction et de l'habitation - Article L. 300-1.

Créé par Loi n° 2007-290 du 5 mars 2007 - art. 1 JORF, 6 mars 2007.

Le droit à un logement décent et indépendant, mentionné à l'article 1er de la loi n° 90-449 du 31 mai 1990 visant à la mise en œuvre du droit au logement, est garanti par l'État à toute personne qui, résidant sur le territoire français de façon régulière et dans des conditions de permanence définies par décret en Conseil d'État, n'est pas en mesure d'y accéder par ses propres moyens ou de s'y maintenir.

Ce droit s'exerce par un recours amiable puis, le cas échéant, par un recours contentieux dans les conditions et selon les modalités fixées par le présent article et les articles L. 441-2-3 et L. 441-2-3-1.

Code de la construction et de l'habitation - Article L. 441-2-3.

Modifié par Loi n° 2007-290 du 5 mars 2007 - art. 7 JORF, 6 mars 2007.

I. Dans chaque département est créée, avant le 1er janvier 2008, auprès du représentant de l'État dans le département, une commission de médiation présidée par une personnalité qualifiée qu'il désigne.

Dans des conditions définies par décret en Conseil d'État, cette commission est composée à parts égales :

1° De représentants de l'État ;

2° De représentants du département, des établissements publics de coopération intercommunale visés à l'article L. 441-1-1 et des communes ;

3° De représentants des organismes bailleurs et des organismes chargés de la gestion d'une structure d'hébergement, d'un établissement ou d'un logement de transition, d'un logement-foyer ou d'une résidence hôtelière à vocation sociale, œuvrant dans le département ;

4° De représentants des associations de locataires et des associations agréées dont l'un des objets est l'insertion ou le logement des personnes défavorisées, œuvrant dans le département.

II. La commission de médiation peut être saisie par toute personne qui, satisfaisant aux conditions réglementaires d'accès à un logement locatif social, n'a reçu aucune proposition adaptée en réponse à sa demande de logement dans le délai fixé en application de l'article L. 441-1-4.

Elle peut être saisie sans condition de délai lorsque le demandeur, de bonne foi, est dépourvu de logement, menacé d'expulsion sans relogement, hébergé ou logé temporairement dans un établissement ou un logement de transition, logé dans des locaux impropres à l'habitation ou présentant un caractère insalubre ou dangereux. Elle peut également être saisie, sans condition de délai, lorsque le demandeur est logé dans des locaux manifestement suroccupés ou ne présentant pas le caractère d'un logement décent, s'il a au moins un enfant mineur, s'il présente un handicap au sens de l'article L. 114 du code de l'action sociale et des familles ou s'il a au moins une personne à charge présentant un tel handicap.

Le demandeur peut être assisté par une association dont l'un des objets est l'insertion ou le logement des personnes défavorisées ou une association de défense des personnes en situation d'exclusion et agréée par le représentant de l'État dans le département.

La commission reçoit notamment du ou des bailleurs chargés de la demande tous les éléments d'information sur la qualité du demandeur et les motifs invoqués pour expliquer l'absence de proposition.

Dans un délai fixé par décret, la commission de médiation désigne les demandeurs qu'elle reconnaît prioritaires et auxquels un logement doit être attribué en urgence. Elle détermine pour chaque demandeur, en tenant compte de ses besoins et de ses capacités, les caractéristiques de ce logement. Elle notifie par écrit au demandeur sa décision qui doit être motivée. Elle peut faire toute proposition d'orientation des demandes qu'elle ne juge pas prioritaires.

La commission de médiation transmet au représentant de l'État dans le département la liste des demandeurs auxquels doit être attribué en urgence un logement.

Après avis des maires des communes concernées et en tenant compte des objectifs de mixité sociale définis par l'accord collectif intercommunal ou départemental, le représentant de l'État dans le département désigne chaque demandeur à un organisme bailleur disposant de logements correspondant à la demande. Le représentant de l'État dans le département définit le périmètre au sein duquel ces logements doivent être situés. Il fixe le délai dans lequel l'organisme bailleur est tenu de loger le demandeur. Cette attribution s'impute sur les droits à réservation du représentant de l'État dans le département.

Le représentant de l'État dans le département peut également proposer au demandeur un logement faisant l'objet d'une convention mentionnée à l'article L. 321-8 dès lors que le bailleur s'est engagé sur des conditions spécifiques d'attribution ou que le logement est donné à bail à un organisme public ou privé dans les conditions prévues à l'article L. 321-10.

Les personnes auxquelles une proposition de logement a été adressée reçoivent du représentant de l'État dans le département une information écrite relative aux dispositifs et structures d'accompagnement social présents dans le département.

En cas de refus de l'organisme de loger le demandeur, le représentant de l'État dans le département procède à l'attribution d'un logement correspondant aux besoins de celui-ci sur ses droits de réservation.

Lorsque ces droits ont été délégués dans les conditions prévues à l'article L. 441-1, le représentant de l'État demande au délégataire de procéder à la désignation et, le cas échéant, à l'attribution du logement dans un délai qu'il détermine. En cas de refus du délégataire, le représentant de l'État dans le département se substitue à ce dernier.

Si l'organisme bailleur fait obstacle à ces attributions, il est fait application des dispositions de l'article L. 441-1-3.

III. La commission de médiation peut également être saisie, sans condition de délai, par toute personne qui, sollicitant l'accueil dans une structure d'hébergement, un établissement ou logement de transition, un logement-foyer ou une résidence hôtelière à vocation sociale, n'a reçu aucune proposition adaptée en réponse à sa demande. La commission de médiation transmet au représentant de l'État dans le département la liste des demandeurs pour lesquels doit être prévu un tel accueil.

Dans un délai fixé par décret, le représentant de l'État dans le département propose une place dans une structure d'hébergement, un établissement ou logement de transition, un logement-foyer ou une résidence hôtelière à vocation sociale aux personnes désignées par la commission de médiation.

Les personnes auxquelles une proposition d'hébergement a été adressée reçoivent du représentant de l'État dans le département une information écrite relative aux dispositifs et structures d'accompagnement social présents dans le département.

IV. Lorsque la commission de médiation est saisie d'une demande de logement dans les conditions prévues au II et qu'elle estime que le demandeur est prioritaire mais qu'une offre de logement n'est pas adaptée, elle transmet au représentant de l'État dans le département cette demande pour laquelle doit être proposé un accueil dans une structure d'hébergement, un établissement ou un logement de transition, un logement-foyer ou une résidence hôtelière à vocation sociale.

V. La commission de médiation établit, chaque année, un état des avis rendus et le transmet au représentant de l'État dans le département, au comité responsable du plan départemental d'action pour le logement des personnes défavorisées et aux établissements publics de coopération intercommunale compétents en matière d'habitat. Elle est informée, dans tous les cas, des suites qui sont réservées à ses demandes.

Code de la construction et de l'habitation - Article L. 441-2-3-1.

Créé par Loi n° 2007-290 du 5 mars 2007 - art. 1 JORF, 6 mars 2007.

I. Le demandeur qui a été reconnu par la commission de médiation comme prioritaire et comme devant être logé d'urgence et qui n'a pas reçu, dans un délai fixé par décret, une offre de logement tenant compte de ses besoins et de ses capacités peut introduire un recours devant la juridiction administrative tendant à ce que soit ordonné son logement ou son relogement.

Le demandeur peut être assisté par une association dont l'un des objets est l'insertion ou le logement des personnes défavorisées ou une association de défense des personnes en situation d'exclusion et agréée par le représentant de l'État dans le département.

Ce recours est ouvert à compter du 1er décembre 2008 aux personnes mentionnées au deuxième alinéa du II de l'article L. 441-2-3 et, à compter du 1er janvier 2012, aux demandeurs mentionnés au premier alinéa du même II.

En l'absence de commission de médiation dans le département, le demandeur peut exercer le recours mentionné à l'alinéa précédent si, après avoir saisi le représentant de l'État dans le département, il n'a pas reçu une offre tenant compte de ses besoins et de ses capacités dans un délai fixé par voie réglementaire.

Le président du tribunal administratif ou le magistrat qu'il désigne statue en urgence, dans un délai de deux mois à compter de sa saisine. Sauf renvoi à une formation collégiale, l'audience se déroule sans conclusions du commissaire du Gouvernement.

Le président du tribunal administratif ou le magistrat qu'il désigne, lorsqu'il constate que la demande a été reconnue comme prioritaire par la commission de médiation et doit être satisfaite d'urgence et que n'a pas été offert au demandeur un logement tenant compte de ses besoins et de ses capacités, ordonne le logement ou le relogement de celui-ci par l'État et peut assortir son injonction d'une astreinte.

Le produit de l'astreinte est versé au fonds institué en application du dernier alinéa de l'article L. 302-7 dans la région où est située la commission de médiation saisie par le demandeur.

II.Le demandeur qui a été reconnu par la commission de médiation comme prioritaire et comme devant être accueilli dans une structure d'hébergement, un établissement ou logement de transition, un logement-foyer ou une résidence hôtelière à vocation sociale et qui n'a pas été accueilli, dans un délai fixé par décret, dans l'une de ces structures peut introduire un recours devant la juridiction administrative tendant à ce que soit ordonné son accueil dans une structure d'hébergement, un établissement ou logement de transition, un logement-foyer ou une résidence hôtelière à vocation sociale.

Ce recours est ouvert à compter du 1er décembre 2008.

Le président du tribunal administratif ou le magistrat qu'il désigne statue en urgence, dans un délai de deux mois à compter de sa saisine. Sauf renvoi à une formation collégiale, l'audience se déroule sans conclusions du commissaire du Gouvernement.

Le président du tribunal administratif ou le magistrat qu'il désigne, lorsqu'il constate que la demande a été reconnue prioritaire par la commission de médiation et que n'a pas été proposée au demandeur une place dans une structure d'hébergement, un établissement ou logement de transition, un logement-foyer ou une résidence hôtelière à vocation sociale, ordonne l'accueil dans l'une de ces structures et peut assortir son injonction d'une astreinte.

Le produit de l'astreinte est versé au fonds institué en application du dernier alinéa de l'article L. 302-7 dans la région où est située la commission de médiation saisie par le demandeur.

III. Lorsque la juridiction administrative est saisie d'un recours dans les conditions prévues au I, elle peut ordonner l'accueil dans une structure d'hébergement, un établissement ou logement de transition, un logement-foyer ou une résidence hôtelière à vocation sociale

Document n° 5 : Article paru dans la revue *Loyers et copropriété*, « Vers une effectivité du droit au logement opposable », décembre 2007

Loyers et Copropriété n° 12, décembre 2007, étude 13.

Vers une effectivité du droit au logement opposable. - À propos du rapport du comité de suivi de la mise en œuvre du droit au logement opposable.

Étude par Christelle Coutant-Lapalus

maître de conférences à l'université de Bourgogne

membre du CREDESPO

Sommaire

Le comité de suivi de la mise en œuvre du droit au logement opposable créé par la loi n° 2007-290 du 5 mars 2007 a remis le 15 octobre dernier au Président de la République son premier rapport dont l'objet est de rendre effectif le droit au logement opposable.

1. Le droit au logement, bien que proclamé droit fondamental et objectif à valeur constitutionnelle, était, jusqu'à l'adoption de la loi n° 2007-290 du 5 mars 2007 instituant le droit au logement opposable, tenu en échec. Sa qualification de droit opposable va-t-elle le rendre plus effectif ? Telle a été la préoccupation principale du comité de suivi de la mise en œuvre du droit au logement opposable lors de l'élaboration de son rapport remis le 15 octobre dernier au Président de la République.

2. La création du Comité de suivi de la mise en œuvre du droit au logement opposable a été souhaitée par le législateur dès l'adoption de la loi du 5 mars 2007. Ce comité comprend les membres et le secrétaire général du Haut comité pour le logement des personnes défavorisées, un membre du conseil économique et social, six membres représentant les associations d'élus locaux, douze membres représentant les associations et organisation œuvrant dans le domaine du logement et dans celui de l'insertion ainsi que des représentants des cinq associations de locataires et des quatre associations ou collectifs d'associations agissant pour le droit au logement. Ce rapport contient trente-sept propositions regroupées autour de deux objectifs principaux : en premier lieu garantir le respect des délais de mise en œuvre du droit au logement opposable, en second lieu surmonter les obstacles qui pourraient entraver la mise en œuvre de ce droit.

1. Respecter les délais de mise en œuvre du droit au logement opposable

3.Le président du comité de suivi, M. Xavier Emmanuelli, considère qu'honorer les délais de mise en œuvre du droit au logement opposable constitue l'un des objectifs les plus importants à accomplir. Cependant, cela représente « un véritable défi et les difficultés... ne doivent pas être sous-estimées ». Trois échéances doivent être respectées :

- dès le 1er janvier 2008, les demandeurs de logement social et les demandeurs d'accueil en structure d'hébergement ou logement adapté concernés pourront exercer un recours amiable,
- à compter du 1er décembre 2008, un recours contentieux pourra être introduit par les demandeurs pouvant saisir les commissions de médiation sans délai, c'est-à-dire les ménages dont la situation est la plus préoccupante,
- enfin, au 1er janvier 2012, ce recours est étendu à tous les demandeurs de logements sociaux dont la demande est restée sans réponse après un délai anormalement long.

L'une de ces échéances concerne donc le recours amiable (A), les deux autres le recours contentieux (B).

A. Le respect des échéances du recours amiable

4. La mise en œuvre du recours amiable implique dans un premier temps que les commissions de médiation départementales soient instaurées et disposent des moyens nécessaires à leur fonctionnement et dans un second temps que le préfet puisse jouer pleinement son rôle. À cette fin, le comité propose de doter les services décentralisés de l'État des moyens humains indispensables à l'exercice des missions qui découlent de la mise en œuvre du droit au logement opposable.

5. Le 1er janvier 2008, les commissions de médiation devront être mises en place dans chaque département afin que les ménages dits prioritaires (telles les personnes dépourvues de logement, menacées d'expulsion sans relogement, etc.) puissent former un recours amiable auprès de ces commissions dans le but d'obtenir un logement si aucune proposition en ce sens ne leur a été faite. Lors de la remise de son rapport, le comité constate que ces commissions sont encore totalement inexistantes dans un quart des départements et que nombreuses sont celles déjà existantes qui fonctionnent au ralenti. Or, ces commissions vont devoir gérer de très nombreuses demandes dans un délai de trois à six mois à compter de la réception de la demande, réaliser un travail d'instruction afin d'orienter le mieux possible ces demandes, notifier et motiver par écrit leurs avis et enfin suivre les décisions et produire un bilan annuel d'activité. Ceci nécessite des moyens qui permettent à ces commissions d'être en pleine capacité de fonctionnement. Il convient de souligner

cependant que le défaut de mise en place de ces commissions ne portera pas atteinte au droit au logement opposable dans la mesure où le législateur a prévu qu'en leur absence le demandeur pourra saisir directement le Préfet.

6. Parallèlement, afin de mettre en œuvre les décisions de la commission de médiation, le préfet doit pouvoir actionner le contingent préfectoral de réservations locatives tant dans le parc social que dans le parc privé conventionné. Il devra ainsi assurer la gestion administrative du contingent mais aussi gérer le pilotage des accords collectifs et l'ensemble des relations avec les bailleurs et les autres réservataires. Pour le comité de suivi, la réussite de cette mission paraît difficilement concevable sans l'existence d'un service ad hoc. De plus, il serait souhaitable, comme le souligne ce rapport, qu'au sein de l'administration une équipe nationale d'appui aux préfectures soit mise en place.

Si les délais de mise en œuvre du recours amiable semblent pouvoir être tenus, le respect des échéances du recours contentieux nécessitera de la part de l'État de déployer des moyens vraisemblablement plus importants.

B. Le respect des échéances du recours contentieux

7. - En ce qui concerne le recours contentieux, deux dates distinctes devront être respectées : celle du 1er décembre 2008, date à compter de laquelle les ménages prioritaires pourront déposer un recours devant le Tribunal administratif, et celle du 1er janvier 2012, date à laquelle tous les demandeurs dès lors qu'ils pourront justifier d'un délai anormalement long pourront saisir ce même tribunal.

1° Le recours contentieux des demandeurs prioritaires

8. Dès le 1er décembre 2008, les ménages qui connaissent les situations les plus dramatiques pourront, à défaut de proposition de logement ou d'hébergement, introduire une action devant le tribunal administratif. Le comité de suivi affirme que les demandes pourraient être fort nombreuses, en particulier dans les départements où la mobilisation du contingent préfectoral ne permettra pas de répondre aux demandes qualifiées de prioritaires par les commissions. En effet, bien qu'aucune évaluation du nombre des demandes prioritaires n'ait pu être effectuée au sein des départements, des statistiques élaborées essentiellement à partir de chiffres publiés par l'INSEE fixent le nombre de ménages susceptibles d'être prioritaires à 600 000 soit 1,7 million de personnes. Or, le nombre de logements attribués annuellement au titre du contingent préfectoral serait de l'ordre de 60 à 65 000. Si les préfets ne peuvent pas honorer toutes les demandes qualifiées de prioritaires par les commissions de médiation, il en résultera une augmentation des recours contentieux qui ne pourrait conduire qu'à la condamnation de l'État sans nécessairement de réponses adaptées aux besoins des personnes. Comment éviter une telle situation ou tout du moins rétablir en partie le déséquilibre entre les deman-

deurs prioritaires et le nombre de logements ? Plusieurs propositions visant à réduire les demandes de relogement sont formulées par le comité de suivi :

- améliorer le fonctionnement des dispositifs de traitement de l'habitat indigne, par exemple, en augmentant les moyens budgétaires destinés à financer des travaux ou des équipes opérationnelles et en privilégiant la mise en œuvre de procédures de lutte contre l'habitat indigne qui se traduiraient, chaque fois que possible, par un maintien dans les lieux avec la réalisation des travaux ou le relogement à la charge du propriétaire dans les cas prévus par la loi ;
- assurer un bon fonctionnement des dispositifs de prévention contre les expulsions. Actuellement, 100 000 jugements d'expulsion sont rendus chaque année. Or parmi les ménages prioritaires, la loi du 5 mars 2007 cite : « les ménages de bonne foi menacés d'expulsion sans relogement ». Afin de réduire le nombre de ces décisions, il serait souhaitable de renforcer la solvabilité des ménages. Pour ce faire, il conviendrait, d'une part, de mieux prendre en charge la réalité du coût des loyers et des charges en proposant d'ouvrir des droits dès le premier mois de location, de revaloriser les plafonds et de réévaluer la prise en compte des charges et d'autre part de promouvoir les économies d'énergie. Renforcer le pilotage et la coordination des actions de prévention des expulsions, en particulier, le partenariat entre le préfet, les services sociaux et le fonds de solidarité logement qui relèvent du département ainsi que donner la possibilité au préfet de mandater un organisme tiers pour assurer le maintien dans les lieux des ménages expulsés ou menacés d'expulsion en prenant à bail leur logement pourrait également participer à la réduction du nombre de jugements d'expulsion ;
- veiller à l'application des critères de priorité de l'attribution des logements sociaux par l'ensemble des réservataires. Le contingent préfectoral ne suffira pas à permettre l'accès au logement de tous les ménages qui peuvent justifier d'une situation prioritaire mais la loi impose pour l'ensemble des attributions, et non par rapport à ce seul contingent, des critères de priorité pour les personnes en situation de handicap, mal logées, défavorisées ou hébergées. Dans chaque département, le préfet devra s'assurer de la bonne application de ces critères ;
- mobiliser le parc privé à travers un conventionnement ouvrant droit à réservation par le préfet. Pour obtenir un droit de réservation sur ces logements dont le loyer aura été plafonné une contrepartie pourrait être accordée aux propriétaires sous forme de subventions, d'aides fiscales ou de garanties. Il faudrait ainsi compléter les aides pour tenir compte des situations de marché tendu et de la nécessité de développer le logement très social, apporter les financements et les garanties nécessaires aux organismes qui pratiquent la location ou la sous-location, et enfin assurer la promotion du conventionnement social auprès des propriétaires par des actions de

communications nationales. Cette mobilisation contribuera en parallèle à prendre en compte l'exigence de mixité sociale.

2° Le recours contentieux des demandeurs d'un délai anormalement long

9. À compter du 1er janvier 2012, les demandeurs n'ayant pas obtenu de proposition dans des délais anormalement longs pourront exercer un recours contentieux devant le tribunal administratif. Afin d'éviter la multiplication des recours contentieux à cette date, il faut nécessairement augmenter la production de logements locatifs et atteindre les objectifs fixés par la loi du 5 mars 2007 car, malgré l'augmentation importante de mises en chantier, le comité de suivi constate que la France reste dans une situation de pénurie d'offres accessibles aux ménages pauvres et modestes. Pour tenir cette échéance, le comité propose à l'État d'agir sur trois fronts :

- développer une connaissance partagée des besoins et de la demande de logement et d'hébergement afin de rendre les politiques plus pertinentes. Cette proposition pourrait se traduire par le développement d'outils permettant de mettre en place cette connaissance partagée par la création d'observatoires territorialisés sur un plan local, là où ils n'existent pas encore, par un développement des outils d'observations territorialisés sur les besoins d'hébergement et par l'établissement d'un cahier des charges national des données minimum à recueillir à travers l'enregistrement de la demande de logement social. Enfin, il serait souhaitable d'encourager le développement de dispositifs de gestion courante ;
- articuler les responsabilités respectives de l'État et des différentes collectivités territoriales dans la mise en œuvre du droit au logement, en particulier en recherchant un consensus local entre l'État, seul tenu d'une obligation de résultat par rapport au droit au logement, et les différentes collectivités territoriales quant aux besoins de logement dans tel ou tel bassin d'habitat, et à la répartition géographique de ces réponses. Il conviendra également d'essayer de faire du programme local de l'habitat le document de référence intégrant les arbitrages qu'exige le droit au logement et surtout de permettre à l'État d'exercer un droit de préemption urbain sur tout le territoire où il constate un déficit de logements sociaux ;
- favoriser le développement de l'offre de logements sociaux et très sociaux appartenant à des bailleurs sociaux, HLM, SEM, association ou UES. La difficulté soulignée par le comité de suivi réside dans la manière de faire coexister une insuffisance de l'offre de logements locatifs sociaux pour permettre l'accueil des demandeurs prioritaires sans pour autant bloquer l'accès aux autres catégories de demandeurs, ni conduire à une spécialisation de certains groupes. Pour accroître cette offre de logements sociaux et très sociaux, le comité propose de prendre en compte l'évolution des coûts dans le niveau des aides et ainsi faire que l'État vende ses terrains à un prix

qui permette d'assurer l'équilibre des opérations. Parallèlement, il conviendrait de mobiliser tous les opérateurs sociaux sur le logement très social car les maîtres d'ouvrage sociaux spécialisés (associations ou UES) ne pourront pas seuls atteindre l'objectif du législateur de production de 20 000 logements PLAI dès l'année 2007.

10. Si le respect des délais doit constituer l'une des priorités de mise en œuvre du droit au logement opposable, le rapport du comité de suivi montre que cela ne se fera pas sans difficulté en témoigne les vingt-cinq propositions qu'il a formulées en ce sens. Mais l'effectivité du droit au logement ne se résume pas à une procédure juridique, elle n'est là que pour « garantir une obligation de résultat ». Ainsi, il apparaît qu'en plus des propositions évoquées précédemment des actions devront être mises en place afin d'assurer l'effectivité de ce droit.

2. Rendre effective la mise en œuvre du droit au logement opposable

11. « Si l'État, à travers la loi, s'est donné une obligation de résultat, il lui faut maintenant se donner les moyens de l'assumer, charge à lui de mobiliser les autres acteurs, au premier rang desquels figurent les collectivités territoriales ». L'effectivité du droit au logement ne sera assurée que si l'État parvient à articuler hébergement, logement et accompagnement social (A) et à concilier droit au logement opposable et mixité sociale (B).

A. L'articulation entre hébergement, logement et accompagnement

12. De nombreux demandeurs de logement cumulent la difficulté de logement avec des difficultés sociales, voire sanitaires. Ils ont donc, en priorité, besoin d'une aide pour débloquer leur demande de logement mais pas seulement. Sans accompagnement social, il est à craindre que dans quelques mois, voire quelques années ces demandeurs se trouvent de nouveau dépourvus de logement. Le droit au logement doit donc s'inscrire dans un processus d'insertion. Deux propositions ont été formulées en ce sens par le comité de suivi. Il suggère d'une part une meilleure structure de l'hébergement social en évitant les confusions entre logement et hébergement et d'autre part, le développement de mesures d'accompagnement social des ménages relogés.

13. L'hébergement social est destiné à apporter une réponse à des personnes en situation de détresse qui ne peuvent accéder immédiatement à un logement. Néanmoins, il ne faut pas occulter que lors de cet hébergement, des mesures, telles que celle prévue à l'article 4 de la loi du 5 mars 2007 permettant d'aider à l'insertion et à l'accès d'un logement durable, doivent être mises en place. Or, l'une des craintes émises par le comité est que, face à l'insuffisance de logement, les orientations vers les structures d'hébergement comme un

logement-foyer, une résidence hôtelière à vocation sociale, s'opèrent trop facilement ou que les maintiens dans ces structures ne se justifient pas par la situation des ménages mais par le manque de proposition de logement disponible. L'hébergement ne doit pas devenir un substitut du logement. Pour éviter un tel processus, il conviendra de clarifier les critères du recours à l'hébergement, par exemple en appuyant les décisions des commissions sur une réelle expertise sociale. Le comité de suivi propose également de renforcer le pilotage territorial de l'hébergement par une évaluation partagée des besoins et la réactivation des schémas départementaux de l'accueil, de l'hébergement et de l'insertion en les fusionnant avec les plans départementaux de l'hébergement d'urgence et d'adapter les financements de l'hébergement aux besoins créés par la mise en œuvre du droit au logement opposable.

14. En ce qui concerne l'accompagnement social des ménages relogés, le rapport du comité de suivi rappelle que les départements dans le cadre des Fonds de solidarité logement (FSL) ont la charge de l'accompagnement social lié au logement. Aussi, il préconise que l'État élabore avec les départements un document cadre national qui définira les principes d'un renforcement de leurs efforts respectifs en matière de traitement social, de l'accès et du maintien dans le logement, qu'il s'agisse de la veille sociale, de l'accompagnement social ou de la médiation locative, et de clarifier les critères d'un recours à l'accompagnement social lié au logement.

Le droit au logement opposable ne sera donc effectif que si l'État parvient à coordonner hébergement, logement et accompagnement social mais également s'il parvient à concilier ce droit et le respect de la mixité sociale.

B. La conciliation entre droit au logement opposable et mixité sociale

15. La mise en œuvre du droit au logement opposable va conduire à attribuer prioritairement des logements sociaux à des ménages qui connaissent des difficultés sociales et même si la prise en compte de la mixité sociale dans le choix des logements est explicitement prévue, la priorité, pour le comité de suivi, doit rester l'accès au logement. Parallèlement, ce comité souligne que bien qu'il soit affirmé depuis de nombreuses années dans différents textes, l'objectif de mixité sociale s'est heurté à de multiples obstacles en particulier dans un contexte de déficit de logements sociaux. Il est donc important que l'État français veille à ce que les inégalités territoriales ne s'accroissent pas. Pour cela, à court terme, et dans le cadre de l'offre existante, il conviendra au moins de s'assurer que les conditions notamment de loyers et de charges, permettent d'orienter les ménages bénéficiaires du droit au logement opposable sur l'ensemble du parc locatif social et non sur « certains groupes spécialisés ». Or, actuellement, une partie du parc HLM est d'un niveau de loyer qui ne permet pas l'accès des ménages les plus pauvres. Il faut donc faire en

sorte que l'ensemble du parc locatif social soit accessible et mobilisé pour les publics concernés par le droit au logement opposable.

À moyen terme, le développement du logement social sur les parties des agglomérations qui en sont le moins pourvues est une condition de conciliation du droit au logement et de la mixité sociale. Il faudrait pour cela que la production de nouveaux logements sociaux corrige les déséquilibres actuels. Le comité de suivi propose également de mandater des organismes pour réaliser des logements sociaux sur le territoire des communes ayant fait l'objet d'un constat de carence dans l'application des obligations résultant de l'article 55 de la loi de solidarité et de renouvellement urbains et de prendre une mesure d'accompagnement financier en faveur des communes qui réalisent les logements sociaux.

16. Pour conclure sur la mise en œuvre effective du droit au logement opposable, le comité de suivi souligne la nécessité de traiter différemment l'Île de France qui connaît une situation d'une gravité exceptionnelle en raison de spécificités qui doivent nécessairement être prises en compte pour aboutir à une bonne application du droit au logement opposable. En effet, l'Île de France représente à elle seule 40 % des publics concernés par le droit au logement opposable, plus de la moitié des communes qu'elle comprend n'ont pas de logements sociaux et 63 % des capacités d'hébergements sociaux se situent à Paris. Face à cette situation, le comité propose deux mesures principales :

- créer une autorité organisatrice du logement en Île de France et lui confier la responsabilité du droit au logement ;
- mettre en place un plan Marshall du logement sous l'autorité du ministre du logement.

17. Le rapport rendu par le comité de suivi se révèle particulièrement riche et témoigne à la fois d'une volonté affichée de permettre aux ménages concernés par le droit au logement opposable de trouver effectivement un logement, voire un hébergement, mais également d'une certaine lucidité au regard de la tâche qui reste encore à accomplir et des difficultés qui vont se présenter. Il faudra donc non seulement que le gouvernement intervienne rapidement en publiant les décrets d'application attendus mais également que le droit au logement soit intégré dans « toutes les politiques locales et nationales qui contribuent à développer l'offre de logement et à rendre accessible aux citoyens les plus modestes : l'urbanisme, l'action foncière et les politiques de l'habitat ». Parallèlement, il apparaît indispensable qu'un certain nombre de décisions politiques soient prises rapidement et intègrent les propositions formulées par ce comité de suivi si l'État souhaite que la loi du 5 mars 2007 instituant le droit au logement opposable produise les résultats attendus.

Document n° 6 : Note relative au décret du 28 novembre 2007 relatif à l'attribution des logements locatifs sociaux, au droit au logement opposable et modifiant le code de la construction et de l'habitation, Revue Loyers et Copropriété, février 2008.

Loyers et Copropriété n° 2, février 2008, alerte 8.

Décret n° 2007-1677 du 28 novembre 2007 relatif à l'attribution des logements locatifs sociaux, au droit au logement opposable et modifiant le Code de la construction et de l'habitation.

Focus par Christelle Coutant-Lapalus

Maître de conférences à l'université de Bourgogne, membre du CREDESPO

Sommaire

Journal Officiel 29 novembre 2007.

Dans son rapport rendu le 15 octobre 2007 au Président de la République (V. Loyers et copr., 2007, Étude 13), le comité de suivi de la mise en œuvre du droit au logement opposable soulignait l'importance d'une adoption rapide des décrets d'application attendus initialement pour le mois d'août. Cette recommandation a été entendue puisque le 28 novembre dernier, le décret n° 2007-1677 relatif à l'attribution des logements locatifs sociaux, au droit au logement opposable et modifiant le Code de la construction et de l'habitation a été publié. Il comprend deux chapitres principaux; l'un relatif à l'attribution de logements sociaux, l'autre au droit au logement opposable.

1. Dispositions relatives à l'attribution de logements sociaux

Modification du contenu de l'attestation d'enregistrement de la demande. Désormais l'attestation d'enregistrement de la demande de logement par l'organisme bailleur devra comprendre en plus des mentions initialement prévues à l'article R. 441-2-4 du Code de la construction et de l'habitation :

- le délai à partir duquel le demandeur peut saisir la commission de médiation ;
- l'adresse de cette commission ;
- les cas dans lesquels elle peut être saisie, c'est-à-dire les cas où une personne qui, satisfaisant aux conditions réglementaires d'accès à un logement locatif social, n'a reçu aucune proposition adaptée en réponse à sa demande de logement, mais également les situations où une personne sollicitant l'accueil dans une structure d'hébergement n'a reçu aucune proposition adaptée.

Communication au préfet des informations relatives à l'attribution des logements locatifs sociaux. Dans son rapport, le comité de suivi de la mise en œuvre du droit au logement opposable a souligné l'importance de développer une connaissance partagée des besoins et de la demande de logement et d'hébergement afin de rendre les politiques plus pertinentes. L'article 9 du décret du 28 novembre 2007 participe de cette idée. Un nouvel article R. 441-12 du Code de la construction et de l'habitation prévoit que désormais les bailleurs sociaux transmettent chaque année au préfet les informations statistiques en matière d'attribution de logements locatifs sociaux, arrêtées au 31 décembre de l'année écoulée. Ces informations permettent notamment de connaître, pour chaque bailleur :

- le nombre total de logements locatifs gérés, ainsi que le nombre total de logements réservés ;
- le nombre de logements mis en service ou remis en location dans l'année et le nombre de logements restés vacants plus de trois mois pendant l'année ;
- le nombre de demandes de logement reçues directement ou indirectement dans l'année ;
- les objectifs quantifiés annuels d'attribution en vertu de l'accord collectif départemental ou intercommunal et le nombre d'attributions prononcées en application de ces objectifs ;
- le nombre total des attributions prononcées dans l'année, réparties par réservataires de logement, et, parmi celles-ci, celles qui ont été proposées mais refusées par les demandeurs.

Ces informations communiquées au Préfet seront par la suite transmises par ce dernier à la commission de médiation ainsi qu'au comité responsable du plan départemental d'action pour le logement des personnes défavorisées. Un arrêté du ministre chargé du logement précisera le délai dans lequel les informations mentionnées au présent article doivent être transmises par les organismes concernés.

2. Dispositions relatives au droit au logement opposable

Le décret du 28 novembre 2007 crée une nouvelle section au sein de la partie réglementaire du Code de la construction et de l'habitation intitulée « commission de médiation et droit au logement opposable ». Parallèlement, il précise les modalités d'exercice d'une part des recours amiables et d'autre part des recours contentieux.

Recours amiables

Composition de la commission de médiation. L'article R. 441-13 du Code de la construction et de l'habitation dispose que la commission de médiation est composée de :

- trois représentants de l'État, désignés par le préfet ;
- un représentant du département désigné par le conseil général ;

- un représentant des EPCI qui ont conclu l'accord collectif intercommunal visé à l'article L. 441-1-1 du même code, désigné sur proposition conjointe des présidents des EPCI concernés. À défaut de proposition commune, ce représentant est tiré au sort par le préfet parmi les personnes proposées ;
- un représentant des communes désigné par l'association des maires du département. Lorsqu'il n'existe aucun accord collectif intercommunal dans le département, le nombre de représentants des communes est de deux. À Paris, ces représentants sont désignés par le conseil de Paris ;
- un représentant des organismes HLM ou des SEM de construction et de gestion de logements sociaux et un représentant des autres propriétaires bailleurs ;
- un représentant des organismes chargés de la gestion d'une structure d'hébergement, d'un établissement ou d'un logement de transition, d'un logement-foyer ou d'une résidence hôtelière à vocation sociale ;
- un représentant d'une association de locataires affiliée à une organisation siégeant à la commission nationale de concertation mentionnée à l'article 41 de la loi n° 86-1290 du 23 décembre 1986 ;
- deux représentants des associations agréées dans le département dont l'un des objets est l'insertion ou le logement des personnes défavorisées ;
- et enfin une personnalité qualifiée qui assure la présidence et qui dispose d'une voix prépondérante en cas de partage égal des voix.

Le décret prévoit qu'un suppléant est désigné, dans les mêmes conditions que le titulaire, pour chaque membre, à l'exception de la personnalité qualifiée et que ces différents membres, titulaires comme suppléants, sont nommés par arrêté préfectoral pour une durée de trois ans renouvelable une fois.

Il est enfin indiqué que la commission délibère à la majorité simple. Elle siège valablement, à première convocation, si la moitié de ses membres sont présents, et à seconde convocation, si un tiers des membres sont présents.

Modalités de saisine des commissions de médiation. Le nouvel article R. 441-14 du Code de la construction et de l'habitation dispose que le recours amiable exercé par un demandeur de logement social ou d'hébergement à défaut d'une proposition adaptée ou d'une réponse dans un délai anormalement long, est réalisé au moyen d'un formulaire répondant à des caractéristiques définies par arrêté ministériel et signé par le demandeur. La demande adressée à la commission doit préciser l'objet et le motif du recours, ainsi que les conditions de logement ou d'hébergement du demandeur. Le demandeur fournit, en outre, toutes pièces justificatives de sa situation et mentionne, en particulier, les demandes de logement ou d'hébergement effectuées antérieurement. Le cas échéant, devra être précisée l'existence d'un arrêté d'insalubrité, de péril ou de fermeture administrative affectant son logement ou d'une procédure engagée à cet effet. La réception de ce dossier donne lieu à la délivrance d'un accusé de réception par le secrétariat de la commission, dont la date fait courir le délai de trois mois ou six mois selon les départements dont la commission dispose pour rendre sa décision.

Instruction de la demande par la commission. La commission peut entendre toute personne dont elle juge l'audition utile. Pour l'instruction des demandes, la commission peut demander au préfet de faire appel aux services compétents de l'État ou des collectivités territoriales ou à toute personne ou organisme compétent pour effectuer les constatations sur place ou l'analyse de la situation sociale du demandeur qui seraient nécessaires (CCH, art. R. 441-14).

Délai

Lorsqu'elle est saisie par des demandeurs sans réponse ou d'un demandeur dont la situation est considérée comme particulièrement préoccupante (CCH, art. L. 441-2-3 II), la commission de médiation rend sa décision dans un délai de trois mois à compter de la réception de la demande. Dans les départements d'outre-mer et, jusqu'au 1er janvier 2011, dans les départements comportant au moins une agglomération, ou une partie d'une agglomération, de plus de 300 000 habitants, ce délai est de six mois (CCH, art. R. 441-15).

Lorsque la commission de médiation est saisie d'une demande émanant d'une personne qui, sollicitant l'accueil dans une structure d'hébergement, un établissement ou logement de transition, un logement-foyer ou une résidence hôtelière à vocation sociale, n'a reçu aucune proposition adaptée en réponse à sa demande (CCH, art. L. 441-2-3 III), elle doit rendre sa décision dans un délai qui ne peut dépasser six semaines.

Recours contentieux

En vertu de l'article R. 441-16-1 du Code de la construction et de l'habitation, le demandeur qui n'a pas reçu d'offre de logement tenant compte de ses besoins et capacités pourra à compter du 1er décembre 2008, exercer un recours devant un tribunal administratif passé un délai de trois mois à compter de la réception de la notification de la décision de la commission de médiation le reconnaissant prioritaire et devant être logé d'urgence. Dans les départements d'outre-mer et, jusqu'au 1er janvier 2011, dans les départements comportant au moins une agglomération, ou une partie d'une agglomération, de plus de 300 000 habitants, ce délai est de six mois. Le décret du 28 novembre 2007 fixe également à trois mois le délai accordé au demandeur, en l'absence de commission de médiation dans le département, pour exercer le recours contentieux si, après avoir saisi le Préfet, il n'a pas reçu une offre tenant compte de ses besoins et de ses capacités.

Parallèlement, ce texte précise que passé un délai de six semaines et en l'absence de proposition émanant du préfet, le demandeur d'un accueil dans une structure d'hébergement, un établissement ou un logement de transition, un logement-foyer ou une résidence hôtelière à vocation sociale déclaré prioritaire par une commission de médiation, peut exercer un recours contentieux devant le tribunal administratif.

Document n° 7 : Article concernant les conditions de permanence de la résidence des bénéficiaires du droit à un logement décent et indépendant, paru dans la revue *Loyers et Copropriété* en novembre 2008

Loyers et Copropriété n° 11, novembre 2008, alerte 56.

Conditions de permanence de la résidence des bénéficiaires du droit à un logement décent et indépendant.

Focus par Christelle Coutant-Lapalus

Maître de conférences en droit privé, université de Bourgogne.

Sommaire

D. n° 2008-908, 8 sept. 2008 : Journal Officiel, 10 septembre 2008.

La loi n° 2007-290 du 5 mars 2007 instituant le droit au logement opposable met à la charge de l'État français l'obligation de garantir le droit à toute personne de bénéficier d'un logement décent et indépendant. Cependant, cette obligation est limitée dans son champ d'application. En effet, l'article L. 300-1 du Code de la construction et de l'habitation dispose que le bénéfice du droit au logement opposable ne concerne que les personnes, d'une part qui ne sont pas en mesure d'accéder par leurs propres moyens à un logement décent et indépendant et de s'y maintenir, d'autre part celles qui résident sur le territoire français de façon régulière et dans des conditions de permanence que le décret du 8 septembre 2008 vient de préciser. Rappelons que l'amendement qui devait être présenté le 14 février 2007 visant à exclure du bénéfice du droit au logement opposable tous les étrangers non titulaires d'une carte de résident a été retiré (V. Rapp. AN, 14 févr. 2007, amendement n° 333).

En vertu du nouvel article R. 300-1 du Code de la construction et de l'habitation, les conditions de permanence de la résidence en France pour les citoyens de l'Union européenne, les ressortissants d'un autre État partie à l'accord sur l'Espace économique européen ou de la Confédération suisse, sont identiques aux conditions exigées pour bénéficier d'un droit de séjour selon les termes de l'article L. 121-1 du Code de l'entrée et du séjour des étrangers et du droit d'asile (CESEDA), à savoir :

- exercer une activité professionnelle en France ;
- disposer pour soi-même et pour les membres de sa famille (descendant direct âgé de moins de vingt et un ans ou à charge, ascendant direct à charge, conjoint, ascendant ou descendant direct à charge du conjoint) de ressources suffisantes afin de ne pas devenir une charge pour le système d'assistance sociale, ainsi que d'une assurance maladie ;
- être inscrit dans un établissement fonctionnant conformément aux dispositions législatives et réglementaires en vigueur pour y suivre à titre principal des études ou une formation professionnelle, et disposer d'une assurance maladie ainsi que de ressources suffisantes pour soi-même et pour les

membres de sa famille tels que définis ci-dessus afin de ne pas devenir une charge pour le système d'assistance sociale ;

- être un descendant direct âgé de moins de vingt et un ans ou à charge, ascendant direct à charge, conjoint, ascendant ou descendant direct à charge du conjoint, accompagnant ou rejoignant un ressortissant qui, comme évoqué précédemment, exerce une activité professionnelle en France ou dispose de ressources suffisantes ;
- être le conjoint ou un enfant à charge accompagnant ou rejoignant un ressortissant qui est inscrit dans un établissement pour y suivre à titre principal des études.

Les conditions de permanence pour les étrangers autres que les citoyens de l'Union européenne, les ressortissants d'un autre État partie à l'accord sur l'Espace économique européen ou de la Confédération suisse sont plus strictes. Ceux-ci doivent ou bien être titulaires d'une carte de résident ou de tout autre titre de séjour conférant des droits équivalents à ceux de la carte de résident, ou bien justifier d'au moins deux années de résidence ininterrompue en France sous couvert de l'un ou l'autre des titres de séjour suivants, renouvelé au moins deux fois :

- une carte de séjour temporaire portant la mention « scientifique » ;
- une carte de séjour temporaire portant la mention « profession artistique et culturelle » ;
- une carte de séjour temporaire autorisant l'exercice d'une activité professionnelle, à l'exception des cartes portant les mentions « travailleur saisonnier », « travailleur temporaire » ou « salarié en mission ». Sont ici visés, par exemple, les travailleurs salariés, ceux qui exercent une profession commerciale, industrielle ou artisanale (CESEDA, art. L. 313-10).
- une carte de séjour temporaire portant la mention « vie privée et familiale » ;
- un titre de séjour prévu par les traités ou accords internationaux et conférant des droits équivalents, notamment celui d'exercer de façon pérenne une activité professionnelle en France, à ceux des titres mentionnés ci-dessus.

Ainsi, contrairement aux réfugiés statutaires disposant de plein droit d'une carte de résident, qui pourront dès la délivrance de leur première carte de résident et à défaut d'une offre de logement en adéquation avec leur demande, leurs besoins et leurs capacités, saisir la commission de médiation départementale, puis éventuellement le tribunal administratif, les étrangers, bénéficiaires de la protection subsidiaire, autres que les citoyens de l'Union européenne et assimilés devront attendre deux renouvellements de leur carte pour pouvoir bénéficier des dispositions relatives au droit au logement opposable. On peut s'interroger sur la conformité de cette exigence de renouvellement au regard de l'article 28 1. de la directive 2004/83/CE du Conseil du 29 avril 2004, en vertu duquel : « les États membres veillent à ce que les bénéficiaires du statut de réfugié ou du statut conféré par la protection subsidiaire reçoivent, dans l'État membre ayant octroyé le statut, la même assistance sociale nécessaire que celle prévue pour les ressortissants de cet État membre». Cependant, cet article se poursuit de la manière suivante: «les États membres peuvent limiter aux prestations essentielles l'assistance sociale accordée aux bénéficiaires de la protection subsidiaire, ces prestations essentielles étant servies au niveau et selon les conditions d'accès qui sont applicables à leurs propres ressortissants». Il semble donc pour le législateur français que le droit au logement, qualifié de droit fondamental et surtout de droit opposable depuis le 5 mars 2007, ne constitue pas une prestation essentielle de l'assistance sociale. Une telle analyse suscitera sans doute des débats (V. par exemple, www.CIMADE.org).

Document n° 8 : Extraits de la circulaire en date du 4 mai 2007 relative à l'application des dispositions de la loi du 5 mars 2007 instituant le droit opposable au logement et portant diverses mesures relatives à la cohésion sociale

L'objet de la présente circulaire est de présenter les articles du chapitre Ier de la loi n° 2007-390 du 5 mars 2007, en indiquant notamment pour chacun d'eux les conditions de leur entrée en vigueur.

L'article 1er pose le principe selon lequel le droit au logement décent et indépendant, mentionné à l'article 1er de la loi n° 90-449 du 31 mai 1990 et codifié à l'article L. 300-1 du code de la construction et de l'habitation (CCH), est garanti par deux recours, l'un amiable et l'autre contentieux, dont les conditions sont précisées respectivement par les articles 7 et 9 de la loi. L'État est le garant de ce droit au logement.

Ce droit est garanti pour les personnes résidant régulièrement sur le territoire, dans des conditions de permanence qui seront définies par décret en Conseil d'État, et qui ne sont pas en mesure d'accéder par leurs seuls moyens à un logement décent et indépendant ou de s'y maintenir.

L'article 2 reprend et renforce les dispositions de la loi du 21 juillet 1994 relative à l'habitat, qui avait institué l'obligation d'établir dans chaque département un plan pour l'hébergement d'urgence. Les dispositions de la présente loi présentent l'avantage de proposer une norme tenant compte de la population des communes et non plus des bassins d'habitat, qui n'ont pas de définition juridique. Par ailleurs, cet article introduit un prélèvement financier pour les communes qui n'auront pas rempli leurs obligations au 1er janvier 2009.

Dans l'attente de dispositions complémentaires visant à prévoir l'affectation de ce prélèvement, les directions départementales des affaires sanitaires et sociales pourront utilement établir le décompte de l'ensemble des places d'hébergement et de logement adapté sur les territoires concernés, en distinguant hébergement d'urgence, hébergement de stabilisation, CHRS, CADA, places d'urgence DPM, ALT, maisons relais.

L'article 3 prévoit l'application, par le mécanisme fiscal de la livraison à soi-même, du taux réduit de TVA (5,5 %), dans les mêmes conditions que les logements locatifs sociaux, aux opérations d'acquisition, d'amélioration ou de construction de structures d'hébergement temporaire ou d'urgence destinées aux personnes éprouvant des difficultés particulières, en raison notamment de l'inadaptation de leurs ressources ou de leurs conditions d'existence, dès lors que ladite structure fait l'objet d'une convention entre le propriétaire ou le gestionnaire des locaux et le représentant de l'État dans le département.

Ce même article accorde également à ces structures l'exonération de taxe foncière sur les propriétés bâties (TFPB) pendant quinze ans.

Cet article est d'application immédiate.

L'article 4 inscrit dans la loi l'engagement, pris par le gouvernement dans le cadre du plan d'actions renforcé en faveur des sans-abri (PARSA) du 8 janvier 2007, de permettre à toute personne accueillie dans un centre d'hébergement d'urgence d'y demeurer si elle le souhaite, jusqu'à ce qu'une proposition de solution durable de logement ou d'hébergement lui soit faite dans le parc public social, le parc privé conventionné, dans un CHRS, un centre d'accueil pour demandeurs d'asile (CADA), une résidence sociale, une maison relais ou les futures résidences hôtelières à vocation sociale (RHVS).

Cet engagement est cohérent avec le nouveau rôle de la commission de médiation (article 7), compétente pour décider du caractère prioritaire de la demande d'une personne pour l'attribution d'une solution de logement ou d'hébergement.

Ce point a fait l'objet d'une circulaire signée par la ministre déléguée à la cohésion sociale et à la parité le 19 mars dernier.

L'article 5 crée un nouvel article L. 441-2-3-2 disposant que le préfet de département assure l'accès aux informations relatives à la mise en œuvre du droit au logement, pour les deux catégories de personnes pouvant saisir la commission de médiation.

L'article 6 complète l'article L. 451-1 du code de l'action sociale et des familles relatif à la formation et à la qualification des travailleurs sociaux, et inscrit spécifiquement, dans le champ des compétences auxquelles ils doivent être formés, la promotion du droit au logement.

L'article 7 modifie très substantiellement l'article L. 441-2-3, relatif aux commissions de médiation, à la fois dans leur composition et dans leur rôle. Les nouvelles commissions devront être mises en place avant le 1er janvier 2008.

Composition de la commission :

La commission est présidée par une personnalité qualifiée nommée par le représentant de l'État dans le département.

Elle est en outre composée de quatre catégories de membres, à parts égales :

- représentants de l'État ;
- représentants du conseil général, des établissements publics de coopération intercommunale ayant conclu un accord collectif intercommunal, et des communes ;
- représentants des organismes bailleurs, et des organismes chargés de la gestion d'une structure d'hébergement, d'un établissement ou d'un logement de transition, d'un logement-foyer ou d'une résidence hôtelière à vocation sociale, œuvrant dans le département ;
- représentants des associations de locataires et des associations agréées dont l'un des objets est l'insertion ou le logement des personnes défavorisées, œuvrant dans le département.

Le nombre de membres de la commission et les modalités de désignation seront précisés par décret en Conseil d'État.

La commission de médiation peut être saisie dans deux cas distincts : par un demandeur de logement social ordinaire (1), par un demandeur d'accueil en structure d'hébergement ou de logement adapté (2).

1. Le recours devant la commission de médiation par un demandeur de logement social ordinaire

1.1. Saisine de la commission

Un demandeur de logement locatif social, lorsque sa demande répond aux conditions réglementaires d'accès au logement social, peut saisir la commission de médiation dans deux cas :

- s'il n'a reçu aucune proposition adaptée dans un délai fixé par arrêté du préfet ;
- sans condition de délai, s'il est dans l'une des situations suivantes :
- dépourvu de logement ;
- menacé d'expulsion sans relogement ;
- hébergé ou logé temporairement dans un établissement ou un logement de transition ;
- logé dans des locaux impropres à l'habitation ou présentant un caractère insalubre ou dangereux ;
- logé dans des locaux manifestement suroccupés ou ne présentant pas le caractère d'un logement décent, s'il a au moins un enfant mineur, ou s'il est handicapé ou a à sa charge au moins une personne en situation de handicap.

Les personnes logées dans des locaux impropres à l'habitation, insalubres ou menaçant ruine ayant fait l'objet d'un arrêté, assorti d'une interdiction définitive d'habiter, ne sont pas visées par ce texte ; en effet, dans ces cas elles bénéficient d'un droit au relogement opposable à leur propriétaire et, en cas de défaillance de celui-ci, opposable à la commune ou à l'État, en application des articles L. 521-1 et suivants du CCH. La loi ne modifie donc pas les obligations de relogement résultant de l'ordonnance du 15 novembre 2005, ratifiée par la loi ENL du 13 juillet 2006.

1.2. Examen de la demande par la commission

Le demandeur peut être assisté par une association œuvrant pour l'insertion ou le logement des personnes défavorisées, ou par une association agréée de défense des personnes en situation d'exclusion. Il appartiendra au préfet de recenser les associations œuvrant pour l'insertion ou le logement des personnes défavorisées et d'accorder un agrément spécifique aux associations de défense des personnes en situation d'exclusion selon des critères qu'il lui revient de déterminer. Il tiendra à la disposition des requérants qui en feront la demande la liste des associations pouvant les assister.

Le ou les bailleurs en charge de la demande transmettent à la commission les éléments d'information dont ils disposent sur la qualité du demandeur, ainsi que les motifs de l'absence de propositions. Compte tenu de ces éléments, la commission désigne les demandeurs qu'elle reconnaît prioritaires, au regard notamment des critères généraux de priorité pour l'accès à un logement social, et qui doivent se voir attribuer un logement en urgence.

Pour chacun d'entre eux, la commission devra dans sa décision préciser les caractéristiques du logement adapté aux besoins et capacités du demandeur.

La commission disposera d'un délai maximum, fixé par décret, pour rendre sa décision. Celle-ci devra être notifiée au demandeur, et motivée. La nature juridique des décisions de la commission de médiation se trouve modifiée par ces nouvelles dispositions. Ainsi, les décisions négatives de ces commissions sont désormais des actes faisant grief, et donc susceptibles d'un recours devant le juge administratif dans les conditions de droit commun du contentieux administratif. Un soin particulier devra donc être apporté à la motivation des décisions, et au respect des formes et procédures.

La liste des demandeurs désignés par la commission est transmise au représentant de l'État.

Si la commission, bien que saisie d'une demande de logement, estime qu'une offre de logement n'est pas adaptée à la situation du demandeur qu'elle reconnaît prioritaire, elle peut transmettre la demande au représentant de l'État pour que soit proposé au demandeur un accueil dans une structure d'hébergement ou de logement adapté.

1.3. Le rôle du préfet saisi par la commission de médiation

Pou chacun des demandeurs reconnus par la commission de médiation comme prioritaires et devant être logés d'urgence, et après avoir recueilli l'avis des maires concernés, le représentant de l'État désigne le demandeur à un organisme bailleur disposant d'un logement répondant à la demande, et aux caractéristiques déterminées par la commission de médiation.

Le représentant de l'État indique à l'organisme un périmètre au sein duquel le logement proposé devra être situé, et fixe au bailleur un délai maximum pour l'attribution d'un logement. L'attribution prononcée est imputée sur les droits à réservation du représentant de l'État. En cas de refus de l'organisme, le représentant de l'État peut prononcer directement l'attribution du logement.

Le représentant de l'État peut également proposer aux demandeurs reconnus prioritaires par la commission de médiation les logements du parc privé conventionné avec l'ANAH à l'APL (niveaux social et très social - article L. 321-8) :

- pour lesquels les bailleurs se sont engagés sur des conditions spécifiques d'attribution, notamment pour les logements faisant l'objet d'un programme social thématique ;
- et ceux donnés à bail à un organisme public ou privé en vue de leur sous-location, meublée ou non, possibilité ouverte par l'article 8 de la présente loi.

2. Le recours devant la commission de médiation par un demandeur d'accueil en structure d'hébergement ou de logement adapté

La commission peut également être saisie, sans condition de délai, par toute personne sollicitant l'accueil dans une structure d'hébergement, un établissement ou logement de transition, un logement-foyer ou une résidence hôtelière à vocation sociale et qui n'a pas reçu de réponse adaptée. Le demandeur doit toutefois, conformément à l'article premier de la loi, résider régulièrement sur le territoire français pour exercer ce recours.

Comme pour les demandes de logement, la commission transmet au représentant de l'État la liste des demandeurs pour lesquels doit être prévu un accueil dans une structure adaptée. Le préfet, dans un délai qui sera fixé par décret, devra faire une proposition au demandeur. Certaines de ces structures adaptées sont dans le champ de compétence de l'État, qui les conventionne et les finance (CHU, CHRS, logements ALT). Il devrait donc être possible pour le préfet d'y faire admettre les personnes désignées dans un délai raisonnable. Dans certaines autres, le préfet dispose d'un contingent (résidences hôtelières à vocation sociale) ou peut en disposer (résidences sociales - y compris maisons relais et résidences accueil - pour laquelle la convention APL type le prévoit). En revanche, dans les logements-foyers pour personnes âgées et handicapées, l'admission est prononcée par le responsable de la structure, qui n'a aucun lien avec l'État. Il est envisagé de modifier la convention APL type pour ces structures afin de permettre au préfet de désigner des personnes à admettre dans les cas visés par la loi. Un décret en Conseil d'État doit être pris à cette fin.

L'article 8, en introduisant l'article L. 321-10 dans le CCH, prévoit la possibilité pour les organismes publics et privés de prendre en location les logements du parc locatif privé ayant fait l'objet d'un conventionnement avec l'ANAH de niveau social, en vue de les sous-louer aux demandeurs reconnus prioritaires par la commission de médiation.

Cet article est d'application immédiate.

L'article 9 est consacré au recours contentieux annoncé à l'article 1er. Ce recours ne peut être exercé qu'en cas d'échec du recours amiable devant la commission de médiation.

Ce recours contentieux, défini au nouvel article L. 441-2-3-1, peut avoir deux objets, symétriques à ceux du recours amiable exposé à l'article 7 de la loi : soit tendre à ce que soit ordonné le logement ou relogement du demandeur (1) ; soit tendre à ce que soit ordonné l'accueil dans une structure d'hébergement, un établissement ou logement de transition, un logement-foyer ou une résidence hôtelière à vocation sociale (2).

1. Le recours contentieux en vue du logement ou relogement du demandeur

Ce recours, exercé devant le tribunal administratif, sera ouvert en deux temps, au profit de deux catégories distinctes de demandeurs, dès lors qu'ils ont été reconnus comme prioritaires et devant être logés d'urgence par la commission de médiation :

- à partir du 1er décembre 2008, pour les personnes visées au deuxième alinéa du II de l'article L. 441-2-3, c'est-à-dire celles qui peuvent saisir la commission de médiation sans condition de délai ;
- à partir du 1er janvier 2012, pour les personnes visées au premier alinéa du I de l'article L. 441-2-3, c'est-à-dire celles dont la demande de logement n'a pas reçu de réponse adaptée dans le délai fixé localement par arrêté préfectoral pris en application de l'article L. 441-1-4.

Dès lors que ces personnes n'auront pas reçu, dans un délai fixé par décret, une offre de logement correspondant à leurs besoins et capacités, elles pourront saisir le juge administratif d'un recours tendant à ce que soit ordonné leur logement ou leur relogement. Le délai partira du jour de la notification au demandeur de la décision de la commission de médiation le reconnaissant prioritaire.

Ce recours est dispensé du ministère d'avocat ; le demandeur peut être assisté par le même type d'associations que devant la commission de médiation.

Il est examiné par un juge unique, dans un délai de deux mois suivant la saisine. L'affaire peut également être renvoyée devant une formation collégiale.

Le juge, s'il constate que la demande du requérant a été reconnue prioritaire et devant être satisfaite d'urgence par la commission de médiation et que le demandeur n'a reçu aucune offre de logement, ou une offre inadaptée à ses besoins et capacités, ordonne alors le logement ou le relogement par l'État. Il peut également ordonner l'accueil dans une structure d'hébergement.

L'État, défendeur à l'instance, aura la charge de démontrer le cas échéant qu'une offre de logement a bien été faite au demandeur.

Le juge a la faculté – ce n'est pas une obligation – d'assortir son injonction d'une astreinte. Le produit de l'astreinte est versé au fonds d'aménagement urbain, institué dans chaque région, en application de l'article L. 302-7 du code de la construction et de l'habitation, destiné aux communes et aux établissements publics de coopération intercommunale pour des actions foncières et immobilières en faveur du logement social. Dans les départements d'outre-mer, elle est versée aux fonds régionaux d'aménagement foncier et urbain prévus à l'article L. 340-2 du code de l'urbanisme.

2. Le recours contentieux en vue de l'accueil dans une structure d'hébergement ou de logement adapté

Ce second recours contentieux est ouvert au bénéfice des demandeurs reconnus par la commission de médiation comme prioritaires et comme devant être accueillis dans une structure d'hébergement, un établissement ou logement de transition, un logement-foyer ou une résidence hôtelière à vocation sociale.

À compter du 1er décembre 2008, si ces personnes n'ont pas été accueillies dans une telle structure, dans un délai suivant la décision de la commission de médiation qui sera fixé par décret, elles peuvent alors saisir le juge administratif d'un recours tendant à ce que soit ordonné un tel accueil.

La procédure obéit aux mêmes règles que pour le recours précédent.

Document n° 9 : Article paru dans *Libération* le 3 février 2009, intitulé « Le droit au logement opposable reste confiné »

Qu'on ne se méprenne pas. La Fondation Abbé-Pierre (FAP) considère toujours la loi sur le droit au logement opposable (Dalo) comme une « une avancée majeure », dont l'objectif est de contraindre les pouvoirs publics à « une obligation de résultats : donner un toit à ceux qui n'en ont pas ». Mais entre la volonté du législateur qui a voté ce texte au printemps 2007, sous la pression des campements des Enfants de Don Quichotte dans les derniers mois de la présidence Chirac, et la mise en œuvre sur le terrain, il y a un sacré écart. Le Dalo est « une loi ambitieuse… aux effets encore limités et incertains », constate la FAP, qui consacre un large chapitre au sujet dans son rapport annuel l'état du mal-logement en France, présenté ce matin.

Cantal. De fait, le Dalo, entré en vigueur en janvier 2008, n'a trouvé qu'un « faible écho » auprès des personnes concernées : 60 81 recours ont été exercés devant des commissions départementales de médiation. Un chiffre modeste au regard des « 500 000 à 600 000 [...] ménages potentiellement concernés », si l'on met bout à bout tous les cas prioritaires énoncés par la loi : locataires menacés d'expulsion, familles vivant dans des logements insalubres ou exigus, personnes hébergées par des proches, SDF accomplissant un parcours de réinsertion... Pour la FAP, il y a eu un déficit d'information en direction des personnes éligibles au dispositif. « L'information gouvernementale sur le droit au logement opposable s'est révélée [...] bien plus restreinte que celle sur la maison à 15 euros par jour » tendant à promouvoir l'idée d'une « France des propriétaires ».

À l'appui de son propos, la Fondation Abbé Pierre relate qu'elle a mené en septembre 2008 « une campagne d'information par voie d'affichage » dans le département des Bouches-du-Rhône. Sa plateforme téléphonique a reçu 298 appels, qui ont donné lieu à 117 inscriptions pour les entretiens dans les permanences d'accueil. Le rapport souligne que, dans certains départements, le nombre de recours auprès des commissions de médiation se comptait sur les doigts d'une main au 31 octobre 2008 : 1 dans l'Aveyron, 2 en Haute-Marne, 3 en Haute-Saône, 4 dans les Hautes-Alpes... Mais le Cantal, la Meuse et les Deux-Sèvres font plus fort avec zéro recours ! « Il est difficile d'imaginer qu'il n'y ait pas, dans certains départements même faiblement peuplés, des ménages privés de logement, hébergés par des tiers ou des structures collectives, ou en instance d'expulsion ; sans compter ceux qui vivent dans des logements insalubres », raille le rapport.

Il relève aussi que dans plusieurs territoires les commissions de médiation ont tardé à se mettre en ordre de marche. La FAP constate qu'en ce qui concerne la réception et l'instruction des dossiers, les commissions ont des pratiques fort diverses. Certaines mettent en place des « filtres en amont de l'examen des dossiers » pour contenir le « flux des demandeurs », ce qui va « à l'encontre de l'esprit de la loi », pointe la fondation. Pour limiter le nombre de recours, certaines commissions se montrent très tatillonnes sur les pièces à fournir dans le dossier du demandeur. Ainsi, « dans les Bouches-du-Rhône par exemple, 68 sur 319 dossiers instruits lors du premier trimestre 2008 ont été renvoyés, car incomplets ».

Tri. Dans d'autres départements, les secrétariats des commissions de médiation procèdent à une sorte de tri des dossiers, sur la base de critères relevant d'une interprétation très discutable de la loi. Ainsi des locataires menacés d'expulsion ne sont éligibles au Dalo que lorsque la force publique s'apprête à les évincer, alors même qu'un jugement a été prononcé de longue date.

Document n° 10 : Article paru dans *Libération* du 15 mai 2009, intitulé « Don Quichotte qui doutent »

L'association doit installer aujourd'hui plusieurs campements de tentes en France pour protester contre le mal-logement. Mais les volontaires font défaut.

Veillée d'armes chez les Enfants de Don Quichotte. « Le temps de l'acte 2 est venu », annoncent-ils sur leur site Internet, l'outil qui leur a servi à préparer leur « journée de mobilisation nationale », aujourd'hui. Comme pour l'acte 1, l'idée est à nouveau de monter des villages de tentes un peu partout en France « des grands campements solidaires ». À Paris, un rendez-vous est fixé en début de soirée place de la Concorde. Mais c'est un simple lieu de retrouvailles. L'endroit pressenti pour planter les tentes demeure un secret bien gardé. « On va être attendus par les CRS. C'est donc compliqué de communiquer sur l'emplacement exact parce que les RG ne sont pas cons. Ils sont à l'affût pour nous empêcher d'agir », a expliqué Augustin Legrand, le porte-voix de l'association, à des volontaires parisiens lors de plusieurs rencontres organisées tout au long de cette semaine, dans un café proche du canal Saint-Martin (Paris Xe), le site emblématique de l'association depuis l'opération de 2006.

Dans ces réunions les militants ont beaucoup discuté de la conduite à observer en cas d'intervention des forces de l'ordre pour empêcher l'installation du campement. « Il faut s'asseoir par terre et se tenir les uns les uns les autres par les coudes en rangs serrés, en faisant la tortue », proposait ainsi, dimanche soir, une jeune femme. « Si les flics nous dégagent, il ne faut pas se disperser et rentrer chez soi. Il faut rester à proximité et revenir une heure après, deux heures après, trois heures après pour essayer encore et encore de s'installer », suggère un autre.

Dérisoire. Au-delà des mots, des trucs et des astuces, on perçoit tout de même une atmosphère teintée de découragement. Hier, près de 200 personnes s'étaient inscrites dans la capitale. C'est assez pour monter un campement, mais le chiffre est dérisoire en termes d'« adhésion citoyenne ». D'autant que l'association a fait de la mobilisation des « bien-logés » l'arme principale pour arracher aux pouvoirs publics des mesures en faveur des SDF. La philosophie donquichottesque consiste en effet à « se mettre soi-même socialement en danger » pour donner un coup de projecteur sur le sort des plus défavorisés. Dans les autres départements, les inscrits sont encore moins nombreux : une cinquantaine dans le Vaucluse, et moins d'une vingtaine de personnes se sont déclarées sur le site Internet pour organiser des campements du côté de Toulouse, Lyon, Lille, Caen, Montpellier, Marseille ou Grenoble. Enfin, dans certains territoires, les volontaires se comptent sur les doigts d'une main.

« C'est triste, toute l'énergie que l'on peut mettre dans ce combat contre la précarité, sans que l'on constate d'avancées », a confessé lors de sa réunion avec un groupe de volontaires Augustin Legrand. Pas de progrès « tant du côté des politiques publiques, que du côté de la société civile qui s'y perd dans les mesures techniques annoncées par le gouvernement, ou des médias, qui ne s'intéressent aux SDF que lorsqu'il fait froid, alors qu'ils meurent d'épuisement dans la rue tout au long de l'année ». Ce sentiment de lassitude découle d'autres constats de terrain. « On a fait un tour de France. On est populaires, on est bien accueillis, mais ça ne prend pas », a avoué lors de la réunion le leader des Don Quichotte. Du 15 mars à début mai, il a parcouru l'Hexagone à la rencontre des acteurs locaux engagés dans la lutte contre l'exclusion. Ce périple les a conduits dans « la plupart des poches du mal-logement » du pays. Lors de cette tournée, des campements ont été installés, parfois à titre symbolique. Mais là, on constate un semi-échec. « Seules des personnes en difficulté, celles qui ont vraiment des problèmes d'hébergement sont venues. On n'arrive pas à mobiliser la société civile ».

« Insensé ». Du coup, la stratégie de l'association, qui consiste à occuper l'espace public avec le soutien des bien-logés se trouve compromise. « Les tentes, c'est pour rendre visible l'invisible, donner un coup de projecteur sur le sort des sans-abris », souligne Augustin Legrand. Ce qu'il avait parfaitement réussi en décembre 2006 canal Saint-Martin, obligeant Jacques Chirac à annoncer une loi sur le droit le droit au logement opposable (Dalo), votée quelques semaines avant la fin de son quinquennat.

Trois ans plus tard, ce texte demeure très largement inappliqué, en raison de la pénurie de logements sociaux, spécialement en Ile-de-France et dans les grandes métropoles régionales. En ce qui concerne les SDF, plusieurs milliers de places de stabilisation ont été créées, mais elles débouchent difficilement sur des logements pérennes. Et l'hébergement d'urgence obéit toujours à des considérations saisonnières. Fin mars, de nombreuses places créées à la hâte pendant l'épisode de grand froid en décembre ont été fermées du jour au lendemain et des centaines de SDF ont été remis à la rue sans autre considération, en dépit des belles paroles de Christine Boutin. Au-delà des démunis, « les classes moyennes se saignent pour se loger, des étudiants tapinent pour payer leur loyer, des familles vivent à l'hôtel pendant des mois et des années à l'hôtel. Tout est insensé dans ce dossier », argumente Augustin Legrand. Mais « ça ne prend pas ». Selon lui, aujourd'hui sera un jour décisif pour les Don Quichotte.

ANNEXE 1

LA MÉTHODE DE L'APPRENTISSAGE DES COURS

LES TROIS PRINCIPES POUR L'APPRENTISSAGE

L'apprentissage des cours doit être guidé par trois grandes idées directrices, qui guident plus généralement l'ensemble du travail de l'étudiant en droit : l'efficacité (I), la simplicité (II) et la clarté (III).

I. L'EFFICACITÉ

L'apprentissage des cours a pour principal objectif l'efficacité. Autrement dit, son but principal est la rentabilité : l'étudiant doit faire le lien entre, d'un côté le cours, et de l'autre, l'examen ou le concours, en apprenant efficacement le premier en fonction des exigences des seconds.

En effet, l'étudiant doit fixer ses objectifs, en sachant, d'une part, que durant les études l'obtention d'une mention est indispensable afin de se distinguer de la masse des étudiants et, d'autre part, qu'aux examens et surtout aux concours de fin d'études, il faut être parmi les meilleurs durant les épreuves.

En conséquence, l'étudiant doit identifier ses objectifs et apprendre les cours en fonction de ceux-ci. Ainsi, il doit comprendre les exigences des examens et concours qu'il passe, car un même exercice n'a pas les mêmes exigences selon qu'il est réalisé durant les études en examen de fin d'année, ou aux divers concours. Plus précisément, l'étudiant doit identifier les matières ou exercices dans lesquels des points peuvent se gagner ou se perdre.

Parallèlement, il doit anticiper les sujets pouvant tomber à l'examen ou au concours et les traiter pour s'entraîner.

II. LA SIMPLICITÉ

L'apprentissage des cours doit être guidé par l'idée de simplicité. En effet, cet apprentissage doit saisir la logique de la matière afin de pouvoir la restituer sur un plan théorique et l'appliquer en pratique. Dès lors, il faut se garder de pédantisme nuisant à l'apprentissage ou des excès d'abstraction caractéristiques d'une approche trop théorique du droit le rendant inaccessible aux étudiants et oubliant les enjeux concrets.

III. LA CLARTÉ

L'apprentissage des cours doit être guidé par l'idée de clarté. De fait, il faut être capable de s'approprier les connaissances de façon claire, notamment en apprenant par cœur le plan de cours, afin de pouvoir expliquer celles-ci à un ignorant.

L'ORGANISATION DE L'APPRENTISSAGE

Une méthode rigoureuse doit permettre d'organiser l'apprentissage des cours, que celui intervienne au cours des années d'études pour les examens annuels (I), ou au cours des années d'études pour les examens et concours de fin d'études (II).

I. DURANT LES ANNÉES D'ÉTUDES, POUR LES EXAMENS SEMESTRIELS OU ANNUELS

L'organisation de l'apprentissage des cours durant les années d'études pour les examens semestriels et annuels, exige d'abord d'identifier les objectifs et les moyens permettant de les atteindre (A), ensuite de planifier l'apprentissage (B), et enfin de bien sélectionner le cours à apprendre (C).

A. La définition des objectifs et des moyens de les atteindre

L'étudiant doit définir clairement ses objectifs et les moyens de les atteindre.

D'une part, l'étudiant doit définir précisément ses objectifs. Or, durant les études de droit, étant donné que l'université est ouverte à tous sans sélection à l'entrée, l'étudiant sérieux doit rechercher l'obtention d'une mention. En effet, les mentions sont fondamentales en Licences 1, 2, 3 et Master 1, car l'accès aux Masters 2 se réalise sur dossier, de sorte que les Masters 2 réputés ne sont accessibles qu'aux étudiants ayant plusieurs mentions. Ainsi, la sélection à l'université ne se réalise pas à l'entrée, mais elle est forte durant ses années. Par ailleurs, si les mentions permettent d'accéder aux meilleurs Masters 2, le fait de travailler pour les obtenir permet d'acquérir une certaine capacité de travail, indispensable pour la réussite des examens et concours de fin d'études, ainsi que pour la vie professionnelle.

D'autre part, l'étudiant doit définir précisément les moyens pour atteindre ses objectifs. Or, il faut bien comprendre que l'obtention d'une mention exige principalement un apprentissage par cœur des cours, mais une bonne méthode d'apprentissage des cours permet de l'optimiser. Pour cela, il doit identifier les matières et exercices dans lesquels les points se gagnent ou se perdent. Plus précisément, les points se gagnent dans les exercices de pure récitation (interrogations de cours en TD, questions de cours écrites ou orales en examen dans les petites matières sans TD) et se perdent dans les exercices exigeant plus que de la récitation (devoirs difficiles en travaux dirigés ou surtout à l'examen).

B. La planification de l'apprentissage

L'étudiant doit planifier l'apprentissage des cours dès le début du semestre. En effet, le volume des connaissances à acquérir est important dès la Licence 1 et ne cesse de croître chaque année. En conséquence, l'étudiant doit apprendre les cours tout au long du semestre car il est impossible de les maîtriser en les révisant seulement à la fin. D'abord, ce sont les matières à TD qui doivent être apprises dès le début du semestre afin de maîtriser les connaissances nécessaires à la préparation des TD, de leurs devoirs et exercices sur table. Ensuite, les matières sans TD doivent être apprises tout au long du semestre car elles rapportent des points en fin de semestre lors des questions de cours écrites ou orales qui constituent leurs examens. À ce titre, il est intéressant de se procurer le cours d'amphithéâtre dès avant le début des cours afin de pouvoir le découvrir et prendre de l'avance.

Afin de planifier l'apprentissage, l'étudiant doit utiliser un calendrier pour le semestre en général, et en particulier il doit utiliser un calendrier pour planifier les révisions finales : le bon ordre afin de réaliser ces révisions finales est de débuter la révision des matières faisant l'objet des derniers examens, afin de finir par la matière faisant l'objet de la première épreuve.

C. Le support de l'apprentissage

Durant les études de la Licence 1 au Master 2, le support d'apprentissage suffisant est le cours d'amphithéâtre. En effet, les examens durant ces années portent non pas sur une matière en général, mais sur la matière vue par l'enseignant titulaire du cours. Par conséquent, le cours d'amphithéâtre doit être appris par cœur et suffit pour maîtriser la matière. À l'inverse, il n'est pas indispensable pour maîtriser cette dernière de compléter ce cours par des livres, même si cela est conseillé, car cela conduit à se perdre dans la masse de connaissances.

Plus précisément, plusieurs conseils peuvent être donnés au sujet des cours d'université. D'abord, il faut assister à tous les cours, de manière attentive car ils permettent de comprendre et d'apprendre les grandes connaissances. Ensuite, il ne faut pas réaliser une prise de note sélective, mais noter tout ce que l'enseignant dit, car il n'est pas possible de distinguer les connaissances utiles et celles inutiles dans l'immédiateté du cours. Enfin, il faut bien reprendre le vocabulaire technique de la matière et se l'approprier.

II. DURANT LES ANNÉES D'ÉTUDES, POUR LES EXAMENS ET CONCOURS DE FIN D'ÉTUDES

La réussite des examens et des concours de fin d'études exige de mettre en œuvre une stratégie de réussite dès le début des études.

D'une part, le programme de ces examens et concours est souvent très étendu, donc il faut l'apprendre et le réviser tout au long des études afin de le maîtriser idéalement au début de l'année de préparation de l'examen ou du concours. En particulier, les concours sélectifs exigent de maîtriser un programme juridique large et d'acquérir une solide culture générale, ce qui doit être réalisé sur une longue période, dès le début des études.

D'autre part, indépendamment de la réussite même de ces examens et concours, la vie professionnelle d'un juriste exige d'avoir des connaissances juridiques diverses et étendues qui ne peuvent être acquises que sur une longue période.

L'organisation de l'apprentissage des cours durant les années d'études pour les examens et concours de fin d'études, exige d'abord d'identifier les objectifs et les moyens permettant d'y parvenir (A), ensuite de planifier l'apprentissage (B), et enfin de bien sélectionner le cours à apprendre (C).

A. La définition des objectifs et des moyens de les atteindre

Idéalement, l'étudiant doit définir clairement ses objectifs et les moyens de les atteindre dès le début de ses études, car la réussite des examens et concours de fin d'études exige la mise en place d'une stratégie sur le long terme.

Ainsi, les longues périodes estivales de vacances doivent être utilisées par l'étudiant sérieux afin de préparer les examens et concours de fin d'études, car il est dangereux de se contenter d'avoir des diplômes sans se projeter vers l'entrée dans la vie professionnelle.

B. La planification de l'apprentissage

Idéalement, l'étudiant doit planifier la préparation des examens et concours de fin d'études dès le début de ses études.

C. Le support de l'apprentissage

Afin de maîtriser les programmes des examens et concours de fin d'études, les cours d'université ne sont plus suffisants et il faut apprendre les manuels de référence qui constituent ainsi un approfondissement des premiers et serviront au juriste tout au long de sa carrière.

LA RÉALISATION DE L'APPRENTISSAGE

Une méthode rigoureuse doit permettre de réaliser l'apprentissage des cours : il faut d'abord comprendre et apprendre le plan de cours qui est sa colonne vertébrale et donc celle de l'esprit (I), ensuite comprendre, ficher et apprendre chacune des parties du cours avec des règles bien précises (II).

I. LA COMPRÉHENSION ET L'APPRENTISSAGE DU PLAN DU COURS

Le plan de cours a un rôle absolument fondamental. Or, pour le comprendre, il faut bien saisir ce qu'est un cours : c'est un travail de synthèse des connaissances relatives à la matière, mais aussi, subsidiairement, d'analyse de ces connaissances. Ainsi, en tant que synthèse, il est un résumé structuré de la matière par un plan, allant du général au spécial, distinguant l'essentiel du particulier. Par conséquent, ce plan, plus ou moins bon, structure le cours dont il est la colonne vertébrale et doit être appris par l'étudiant. Pour cela, il faut découvrir le cours par son plan, le comprendre et l'apprendre. En pratique, il est très intéressant de recopier son plan, non pas en une dimension comme il est présenté dans le sommaire ou dans la table des matières, mais en deux dimensions, sous forme d'arborescence, d'arbre (à la manière d'un arbre généalogique) dont le tronc est le nom de la matière et dont les branches sont les parties et sous-parties du cours. En effet, ce plan en arbre permet en un coup d'œil de repérer les grandes parties et sous-parties du cours, puis de situer chacun des thèmes dans le cours entier.

En définitive, l'apprentissage par cœur du plan de cours permet de resituer les thèmes, les questions et les connaissances dans le cours en allant du général, c'est-à-dire les parties supérieures, vers le particulier, autrement dit les connaissances précises, sans être perdu en raisonnant à partir de la multitude des connaissances éparpillées. Cette maîtrise du plan est fondamentale car tout exercice juridique exige de resituer les connaissances dans la matière en allant du général au particulier.

II. LA COMPRÉHENSION, LE FICHAGE ET L'APPRENTISSAGE DU COURS

L'apprentissage du cours à proprement parler se réalise en plusieurs étapes : d'abord il faut sélectionner une partie cohérente et de taille raisonnable du cours à apprendre (A), ensuite il faut comprendre et ficher chacun des blocs de texte non découpés par l'auteur (B), enfin il faut réviser les fiches (C).

A. La sélection d'une partie cohérente et réduite à apprendre

Il faut apprendre le cours en plusieurs parties. Or, afin de déterminer les parties qui seront successivement apprises, il faut prendre en compte divers éléments, qui sont les différents thèmes du cours et le temps offert pour les réviser. Il faut donc apprendre partie par partie, en faisant en sorte que chacune des parties apprises constitue un tout cohérent.

B. Les règles de compréhension et de fichage de chacune des parties du cours

Après avoir déterminé la partie du cours à apprendre, il faut d'abord comprendre et inscrire son plan de cours en arbre, puis lire, comprendre et ficher un par un chacun de ses blocs de texte non découpés par un plan apparent.

Or, cette phase de lecture, de compréhension et de fichage de chacun des blocs de texte obéit à quatre séries de règles. En effet, il n'est pas possible et efficace d'apprendre un cours mot à mot : il faut donc l'apprendre avec une méthode intelligente.

Premièrement, il est intéressant de lire le bloc de texte en lisant chacune de ses phrases deux fois, afin de bien les comprendre.

Deuxièmement, il faut identifier le plan de chacun des blocs de texte, qui n'apparaît pas formellement sous forme d'intitulés, mais avec les mots de liaison ou la disposition du texte. Ainsi, le plan du cours qui apparaît formellement est appris par cœur et le plan du cours qui n'apparaît pas formellement est découvert et appris afin de structurer l'esprit. Ce plan découvert sera inscrit sur les fiches de résumé du cours.

Troisièmement, il faut identifier les grandes définitions des notions qui sont la base de la matière, les grandes règles, les grandes sources, les grands enjeux et les grandes évolutions du droit pour chacune des parties. La distinction de ces catégories de connaissances juridiques est fondamentale car pour chacun des exercices juridiques, le juriste doit avoir en tête pour chacun des sujets, les grandes notions, les grandes règles, les grandes sources, les grands enjeux et les grandes évolutions du droit.

Quatrièmement, il faut ficher les connaissances sur des feuilles de grande taille afin d'éviter d'avoir une multitude de fiches de taille réduite. Ainsi, il faut résumer les connaissances de chacun des blocs de texte en suivant le plan découvert, ce qui exige certaines qualités de synthèse. Ces qualités de synthèse sont les suivantes : il faut partir des connaissances de base, aller du général au spécial, distinguer l'essentiel de l'accessoire, ainsi que résumer les connaissances.

Ainsi, avec cette méthode, les connaissances du cours sont résumées sur des fiches de manière efficace. Cela dit, le fichage du cours peut aussi se réaliser par la technique du surlignage qui permet de saisir l'essentiel du cours sans avoir à le recopier.

C. La révision des fiches

Chacune des parties du cours doit être fichée. Cependant, après avoir fiché une partie du cours, il faut la réviser avant de passer à la suivante. Ainsi, avant d'apprendre une nouvelle partie du cours, il faut revoir les parties précédentes, afin de ne pas aller trop vite et de bien consolider les connaissances acquises.

ANNEXE 2

LA MÉTHODE DU CAS PRATIQUE

LA DÉFINITION DU CAS PRATIQUE EN DROIT

Le cas pratique en droit peut être défini comme un travail (I) de synthèse (II), d'analyse (III) et d'application (IV) du droit positif à des faits, afin de régler les problèmes juridiques que ces faits posent.

I. UN TRAVAIL

Le traitement du cas pratique peut être plus ou moins long selon les faits et les règles dont il appelle l'inapplication ou l'application. Ainsi, la bonne longueur du cas pratique est celle qui est utile au traitement des problèmes posés par les faits : il peut donc être très long ou très court.

II. UN TRAVAIL DE SYNTHÈSE DU DROIT POSITIF

Le cas pratique est d'abord un travail de synthèse du droit positif applicable à l'espèce afin de régler les problèmes que celle-ci pose.

Plus précisément, une synthèse est une réflexion qui s'opère en deux temps. D'abord, elle identifie les connaissances juridiques qui doivent être évoquées pour le traitement des problèmes posés par le cas pratique, soit car elles sont inapplicables pour ce traitement mais doivent être écartées expressément, soit car elles sont applicables. Ensuite, elle réalise un résumé structuré de ces connaissances lors du traitement du cas pratique.

Ces connaissances juridiques regroupent les définitions des grandes notions juridiques, les grandes règles juridiques (avec leurs conditions et leurs effets) et les grandes sources du droit.

III. UN TRAVAIL D'ANALYSE DU DROIT POSITIF

Le cas pratique peut contenir une analyse critique du droit positif lors de son explication. En effet, il se peut que la solution du droit positif ne soit pas satisfaisante, sur le plan de la technique juridique, ou sur celui de la politique juridique. Par conséquent, il est possible de mentionner ces critiques et d'éventuels remèdes à celles-ci.

IV. UN TRAVAIL D'APPLICATION DU DROIT POSITIF

Enfin, le cas pratique est un travail d'application du droit positif aux faits afin de régler les problèmes que ces faits posent.

Plus précisément, cette application de chaque règle juridique consiste à la confronter aux faits de l'espèce afin de déterminer si cette règle peut solutionner les problèmes que ces faits posent.

Cela dit, le traitement d'un cas pratique se réalise en trois étapes : d'abord, il faut étudier les faits du cas pratique et rechercher les connaissances de droit positif utilisables, comme celles non utilisables mais devant être écartées expressément, afin de traiter les problèmes qu'il pose (chapitre 1) ; ensuite, il faut réaliser un plan détaillé de traitement du cas pratique (chapitre 2) ; enfin, il faut rédiger au propre le traitement du cas pratique (chapitre 3).

1re ÉTAPE : L'ÉTUDE DES FAITS ET LA RECHERCHE DES CONNAISSANCES DE DROIT POSITIF UTILISABLES

La première étape comporte une étude des faits du cas pratique (I) ainsi qu'une recherche des connaissances de droit positif utilisables pour le traitement du cas pratique (II).

I. L'ÉTUDE DES FAITS

L'étude du cas pratique consiste à le lire afin d'identifier les faits, ainsi que les prétentions concrètes ou problèmes juridiques que celui-ci comporte.

Plus précisément, les cas pratiques se présentent sous différentes formes. D'abord, certains cas pratiques mentionnent des faits sans présenter les prétentions concrètes des protagonistes ou les problèmes juridiques qui se posent : il faut alors les identifier. Ensuite, certains cas pratiques mentionnent des faits en présentant les prétentions concrètes des protagonistes : il faut alors identifier les règles juridiques applicables ou inapplicables afin de satisfaire ces prétentions concrètes. Enfin, certains cas pratiques mentionnent des faits en identifiant clairement les règles dont l'application est en cause : il faut alors étudier si cette application est possible.

En pratique, il faut lire très attentivement l'énoncé du cas pratique. Pour cela, il faut lire chacune de ses phrases deux fois, en distinguant bien l'essentiel de l'accessoire, en allant du général au spécial et du simple vers le complexe. En effet, l'auteur de l'énoncé mentionne des éléments de faits qui peuvent être plus ou moins importants pour le traitement du cas pratique et cela implique un tri par le lecteur.

À ce titre, il est possible de distinguer schématiquement deux grandes formes d'énoncés de cas pratiques. Premièrement, certains énoncés présentent des faits précis et clairs ; il suffit alors de s'en tenir à eux. Deuxièmement, certains énoncés comportent des faits qui ne sont pas précis et clairs ; il faut alors étudier les différentes hypothèses envisageables, en appliquant les règles pour chacune de celles-ci.

II. LA RECHERCHE DES CONNAISSANCES UTILISABLES

Il faut ici rechercher les connaissances de droit qui sont essentielles pour traiter le cas pratique. Ainsi, cette recherche est objective et neutre, elle regroupe les connaissances de droit positif qui constituent la pensée commune. Plus précisément, cette recherche est d'abord spontanée (A), puis s'opère par utilisation des catégories de connaissances juridiques (B), du plan de cours (C) et des ressources juridiques (D).

A. La recherche spontanée des connaissances utilisables

Elle consiste à mettre par écrit les connaissances de droit positif applicables ou inapplicables mais devant être écartées expressément, afin de traiter le cas pratique. Toutefois, il ne faut pas se perdre dans cette étape, car les suivantes sont plus méthodiques.

B. La recherche des connaissances utilisables dans chaque catégorie de connaissances juridiques

Elle consiste à rechercher les connaissances utilisables pour traiter le cas pratique dans chacune des catégories de connaissances juridiques : les notions (1), les règles (2) et les sources (3) du droit positif.

1. Les notions juridiques essentielles pour le traitement du cas pratique

Il faut définir les notions juridiques essentielles pour le traitement du cas pratique, qu'elles soient applicables ou inapplicables mais devant être expressément écartées.

2. Les règles juridiques essentielles pour le traitement du cas pratique

Il faut identifier les règles qui sont applicables ou inapplicables mais devant être expressément écartées.

3. Les sources juridiques essentielles pour le traitement du cas pratique

Il faut identifier les sources textuelles (lois, traités internationaux, Constitution, règlements) et non textuelles (jurisprudence et doctrine), qui sont applicables ou inapplicables mais qui doivent être envisagées pour le traitement du cas pratique.

C. La recherche des connaissances utilisables avec le plan de cours

Elle consiste à rechercher les connaissances qui sont applicables ou inapplicables mais qui doivent être envisagées pour le traitement du cas pratique, en le confrontant aux différentes parties du plan du programme. Plus précisément, le plan de cours doit être appris par cœur, surtout dans ses parties supérieures, ce qui permettra de se repérer facilement en lui et de brasser les connaissances de droit positif de façon très méthodique, en partant de ses grandes parties et en allant vers les parties inférieures, sans partir des connaissances éparpillées. Sur le plan de la forme, il est très intéressant de mettre à l'écrit le plan de cours non pas en une dimension, c'est-à-dire en l'écrivant comme dans les sommaires ou plans des livres, mais en deux dimensions, sous forme d'arbre (à la manière d'un arbre généalogique) dont le tronc est le nom de la matière et dont les divisions ou branches successives constituent les parties et sous-parties du cours.

D. La recherche des connaissances utilisables avec les ressources juridiques

Elle consiste à utiliser les différentes ressources juridiques afin de rechercher les connaissances qui sont applicables ou inapplicables mais qui doivent être envisagées pour le traitement du cas pratique.

1. Les manuels

Les manuels de droit doivent être utilisés s'ils sont autorisés: les notions et règles envisageables pour le traitement du cas pratique peuvent être recherchées dans leur index alphabétique et leur plan peut être confronté au cas pratique afin de trouver des connaissances.

2. Les sites des éditeurs juridiques

Les sites juridiques sont très efficaces. Il s'agit de: Dalloz.fr, LexisNexis JurisClasseur, LamyLine, Lextenso.fr, Navis Francis Lefebvre.

Ces sites permettent de trouver les connaissances nécessaires au traitement du cas pratique. Pour cela, plusieurs types de recherches sont envisageables : soit celle des notions et règles mentionnées dans l'énoncé, soit celle des faits présents dans l'énoncé, soit celle des noms des parties pouvant correspondre à des noms de parties pour lesquelles une décision a été rendue.

Ces diverses recherches vont permettre d'avoir accès à divers supports. D'abord, elles permettent un accès aux encyclopédies de droit, très utiles car elles synthétisent l'ensemble des connaissances relatives à un sujet, donc l'ensemble des manuels et des livres spécialisés (monographies diverses, dont les thèses). Ces encyclopédies sont principalement les Répertoires de droit Dalloz sur le site Dalloz.fr, les encyclopédies Jurisclasseur sur le site

LexisNexis et les encyclopédies Lamy sur le site LamyLine. Ensuite, elles permettent d'accéder aux diverses sources de droit positif : la loi, la jurisprudence, les sources supra-législatives, les sources infra-législatives et les travaux doctrinaux.

3. Les sites officiels des institutions

Il faut utiliser, si cela est possible, le site legifrance.fr, qui regroupe les sources textuelles et la jurisprudence, afin de trouver les sources régissant le sujet, mais d'autres sites contiennent des sources du droit, comme le site de la Cour européenne des droits de l'homme ou de la Cour de justice de l'Union européenne. Plus précisément, il est intéressant d'avoir la version à jour des diverses sources du droit. À ce titre, le site legifrance.fr, présente les articles avec leurs diverses versions dans le temps sur un bouton en bas à gauche, ce qui est intéressant car le droit applicable à un cas pratique n'est pas forcément celui qui est en vigueur au jour de son traitement.

4. Les codes des éditeurs juridiques

Les Codes sont intéressants, surtout en examen ou concours : ils permettent l'accès aux articles de lois, à la jurisprudence et à la doctrine étudiées sous ces articles. L'utilisation du Code doit intervenir dès les révisions afin de la maîtriser.

5. Les moteurs de recherche généralistes

Les moteurs de recherche généralistes, au premier rang desquels figure Google, peuvent être utilisés afin de trouver des connaissances, mais ils peuvent référencer des sources parfois peu fiables et rigoureuses.

2e ÉTAPE : LA CONSTRUCTION D'UN PLAN DÉTAILLÉ

Le traitement du cas pratique n'obéit pas à des règles de forme rigides. En conséquence, il faut adapter le traitement du cas pratique à son contenu et mettre la forme au service de ce traitement efficace. Il faut construire un plan de traitement du cas pratique (I) et le développer (II).

I. LE CHOIX DES PARTIES ET SOUS-PARTIES

– Il existe deux grandes méthodes de traitement des cas pratiques.

La première méthode est une méthode successive et oppose trois temps : l'explication du fait, l'explication de la règle et l'application de la règle au fait. Elle est utilisable lorsque la règle en question n'est pas trop longue et ne comporte pas divers aspects.

La deuxième méthode est une méthode simultanée et mélange l'explication et l'application de la règle au fait en étudiant chacun des aspects de la règle un à un. Elle est utilisable lorsque la règle en question est longue et comporte divers aspects.

– Quelle que soit la méthode utilisée, il faut construire un plan de traitement du cas pratique, qui sera apparent afin de guider le correcteur. Ce plan doit s'adapter au cas pratique.

D'abord, il existe des cas pratiques qui portent sur un fait pour lequel l'application d'une seule règle est envisageable. Dans ce cas, il faut choisir une des deux méthodes. Dans la première méthode, trois parties supérieures seront réalisées : une première expliquant le fait, une deuxième expliquant le droit et une troisième appliquant le droit au fait. Dans la deuxième méthode, il est possible de faire une partie pour chaque étape d'explication et d'application simultanées du droit (par exemple une partie pour les conditions et une partie pour les effets).

Ensuite, il existe des cas pratiques qui portent sur un fait et pour lequel l'application de plusieurs règles est envisageable (par exemple, une personne veut divorcer et il faut donc envisager les différents cas de divorce). Dans ce cas, il faut impérativement faire une partie supérieure pour chaque règle dont l'application est envisageable. Puis, pour chacune des règles, il faut choisir l'une des deux méthodes d'explication et d'application du droit : soit la méthode successive, qui implique de faire une sous-partie pour l'explication du droit puis une autre sous-partie pour son application au fait ; soit la méthode simultanée, qui explique et applique la règle de droit point par point.

Enfin, il existe des cas pratiques qui portent sur plusieurs faits. Dans ce cas, il faut impérativement faire une partie supérieure pour chaque fait. Ensuite, pour chaque fait, il faut faire une sous-partie par règle envisageable et pour chacune des règles envisageables, il faut choisir entre les deux méthodes : soit la méthode successive, avec une partie inférieure pour l'explication du droit et une autre partie inférieure pour l'application du droit ; soit la méthode simultanée, avec une partie inférieure pour chacun des points d'explication et d'application du droit au fait.

II. LE CONTENU DU PLAN DÉTAILLÉ

L'explication du droit (A), comme son application (B) obéissent à des règles rigoureuses.

A. La méthode pour l'explication du droit

L'explication du droit doit justifier chacune des affirmations en résumant les notions, les règles et les sources du droit applicables à l'espèce. Ainsi, il faut définir les notions, expliquer les règles applicables et donner leurs sources précisément. Toute affirmation juridique doit être fondée sur une source, normalement textuelle car le droit français est écrit.

Plus précisément, cette explication du droit doit respecter quelques règles de méthode.

Premièrement, il faut partir des connaissances de base.

Deuxièmement, il faut aller du général au spécial, c'est-à-dire débuter par les connaissances générales (grandes notions, grandes règles, grandes sources), avant de développer les connaissances plus précises et de moindre importance.

Troisièmement, il faut distinguer l'essentiel de l'accessoire.

Quatrièmement, il faut respecter la hiérarchie des normes dans la présentation des règles de droit : il faut partir des sources textuelles supérieures, vers celles qui sont inférieures et terminer par la jurisprudence.

Cinquièmement, il faut construire un raisonnement étape par étape.

Sixièmement, il faut bien distinguer la notion et son régime, puis dans son régime ses conditions et ses effets, enfin dans ses conditions, celles de fond et celles de procédure, parmi lesquelles figurent les règles de compétence. Plus précisément, il faut voir si les effets d'une règle sont de nature à satisfaire les prétentions concrètes des parties ou à régler les problèmes qui se posent. D'une part, si les effets d'une règle ne satisfont pas les prétentions concrètes des parties ou ne règlent pas les problèmes posés, il n'est pas opportun de développer longuement ses conditions. D'autre part, si les effets d'une règle satisfont les prétentions concrètes des parties ou règlent les problèmes posés, il faut étudier les conditions de cette règle précisément afin de déterminer si elles sont remplies.

B. La méthode pour l'application du droit

L'application du droit au fait doit envisager les diverses solutions possibles et trancher entre elles.

3e ÉTAPE : LA RÉDACTION DU TRAITEMENT DU CAS PRATIQUE

À partir du plan détaillé, il faut rédiger le traitement du cas pratique.

Cette rédaction doit être synthétique, dynamique, elle doit utiliser un vocabulaire juridique et clair.

À ce titre, certains enseignants et correcteurs exigent que l'étudiant ou le candidat construise une « question de droit » après avoir résumé les faits et avant de présenter le droit et de l'appliquer. Or, selon nous, cette exigence est peu utile et constitue une perte de temps, car le cas pratique est un exercice pratique qui correspond au quotidien du juriste, qui ne se pose pas de « question de droit » lorsqu'il doit résoudre des problèmes concrets et satisfaire des prétentions. De fait, le travail quotidien du juriste consiste à utiliser le droit afin de répondre à des problèmes concrets. Cependant, étant donné que certains enseignants et correcteurs exigent des « questions de droit », il est possible d'en construire, sans perdre trop de temps. Pour cela, quelques remarques peuvent être réalisées.

Premièrement, si le cas pratique permet d'identifier les prétentions en présence, il est possible pour chaque prétention de construire une question de droit s'interrogeant sur le point de savoir si le droit peut satisfaire telle prétention ou si telle règle permet de satisfaire telle prétention.

Deuxièmement, si le cas pratique mentionne les règles de droit dont il appelle l'application, il est possible de construire une question de droit pour chaque règle en demandant pour chaque règle si celle-ci permet de satisfaire telle prétention ou de régler tel problème.

Troisièmement, en l'absence d'identification des prétentions par le cas pratique, il faut identifier chaque prétention ou problème concret, et pour chaque règle susceptible de satisfaire la prétention ou de régler le problème, il faut construire une question de droit demandant si la règle permet de satisfaire la prétention ou de régler le problème.

Imprimé en France en septembre 2021
par l'Imprimerie Maury S. A. S. à Millau
N° d'impression : I21/61357M
Dépôt légal : septembre 2021